DECIFRE SEU TALENTO

Caro leitor,

Queremos saber sua opinião sobre nossos livros.

Após a leitura, curta-nos no **facebook/editoragentebr**,

siga-nos no **Twitter @EditoraGente**, no **Instagram @editoragente**

e visite-nos no site **www.editoragente.com.br**.

Cadastre-se e contribua com sugestões, críticas ou elogios.

Boa leitura!

PAULO VIEIRA, PhD
DEIBSON SILVA

DECIFRE SEU TALENTO

GUIA PRÁTICO PARA
ACERTAR NA SUA
ESCOLHA PROFISSIONAL

Diretora
Rosely Boschini

Gerente Editorial
Rosângela de Araujo Pinheiro Barbosa

Editora Assistente
Franciane Batagin Ribeiro

Controle de Produção
Fábio Esteves

Preparação
Vânia Cavalcanti

Projeto gráfico, diagramação, e ilustrações
Joana Resek

Capa
Vanessa Lima

Imagem de Capa
@syarifahbrit/Freepik

Revisão
Viviane Nepomuceno

Jornalistas Equipe Febracis
Gabriela Alencar, Iane Parente, Maggie Paiva, Lucas Reis e Gabriel Amora

Imagens de Miolo
p. 83 | Artazum, Dream Perfection, Evgeny Atamanenko, Fahroni, Rido, tsyhun e Vergani Fotografia by Shutterstock

p. 36, 88, 106, 109, 132, 176, 234 | Altemar Domingos

Impressão
Gráfica Rettec

Copyright © 2020
by Paulo Vieira e Deibson Silva

Todos os direitos desta edição são reservados à Editora Gente.

Rua Wisard, 305, sala 53 – Vila Madalena
São Paulo, SP– CEP 05434-080

Telefone: (11) 3670-2500

Site: **http://www.editoragente.com.br**

E-mail: **gente@editoragente.com.br**

Dados Internacionais de Catalogação na Publicação (CIP)
Angélica Ilacqua CRB-8/7057

Vieira, Paulo
Decifre seu talento : guia prático para acertar na sua escolha profissional / Paulo Vieira e Deibson Silva. -- São Paulo : Editora Gente, 2019.
224 p.

Bibliografia
ISBN 978-85-452-0377-3

1. Negócios 2. Sucesso nos negócios 3. Orientação profissional I. Título II. Silva, Deibson

19-2472   CDD 650.1

Índice para catálogo sistemático:
1. Negócios : Sucesso

Dedico este livro a todos os jovens e àqueles que tinham um sonho profissional. A todas as pessoas que um dia escolheram uma carreira e lá na frente descobriram que não fizeram a escolha certa, pois perceberam que eram mais habilitados, mais efetivos, mais vocacionados para outro caminho.

Perceberam que usaram muito tempo e que não viveram seu melhor potencial porque não conheciam a sua verdadeira vocação, suas verdadeiras habilidades, não foram capazes de despertar seu verdadeiro e maior potencial por não poderem se dedicar completamente a ele.

Dedico este livro para essas pessoas e também a todas que não vão mais passar por isso, que verão o seu melhor potencial, que vão escolher a profissão certa e progredir de maneira extraordinária e trafegar horizontalmente em outras pessoas, porém, sendo habilitadas, vocacionadas, efetivas no resultado, porque elas conhecem a si e a seus predicados maiores.

E, assim, essas pessoas serão mais felizes, mais realizadas, mais produtivas e se tornarão outras pessoas, proporcionando um mundo mais próspero e abundante, subindo a régua do desempenho, possibilitando que outras pessoas também produzam e gerem resultados.

Paulo Vieira

Dedico este livro, em primeiro lugar, a Deus. Em seguida, como não podia ser diferente, dedico e agradeço a minha família e aos meus filhos, Davi Germano e Anna Sophia, duas joias às quais devo toda a minha inspiração. Com eles e para eles, sei que dou o meu máximo todos os dias.

Dedico também ao meu time CIS Assessment e aos meus colaboradores do Goowit, com quem divido as mais variadas e ousadas ideias, projetos, desafios e conquistas. Dedico também ao meu sócio e parceiro de pesquisas, Paulo Vieira, uma referência que se tornou um grande irmão nessa trajetória de sonhos e realizações.

E, para completar, dedico para todos os jovens e adultos, que passam ou já passaram constantemente por esse obstáculo gigantesco de decifrar o seu talento e a melhor escolha de carreira profissional. Este livro foi feito para essas pessoas. As palavras escritas aqui personificam a tamanha admiração e o carinho que tenho por todo eles, visto que o meu propósito é contribuir com a educação do nosso País. Estou aqui para mostrar que eles não estão sozinhos! Não estão! E com uma educação disruptiva, moderna, inovadora e tecnológica, podemos aplicar e mudar os conceitos ultrapassados de educação.

Por fim, agradeço e dedico a todos os educadores que também estão nessa belíssima e apaixonante missão de mudar o mundo. Tenho grande paixão por esses profissionais que se dedicam ao aprimoramento de todos aqueles que entram em uma sala de aula. Essa foi a minha inspiração durante o desenvolvimento desta metodologia. Esse momento é nosso, amigos! Vamos aproveitar. A mudança está logo ali. Com amor em tudo que criamos, é inevitável: vamos voar alto!

Estão prontos para isso?

Deibson Silva

Sumário

Prefácio — 11

Introdução — 15

Capítulo 1
Autoconhecimento — 25

Capítulo 2
Decifre e influencie pessoas — 37

Capítulo 3
Autorresponsabilidade — 73

Capítulo 4
Foco - disciplina e decisão — 89

Capítulo 5
Conheça as suas múltiplas inteligências — 107

Capítulo 6
Estratégia — 127

Capítulo 7
Soft skills: as habilidades do futuro — 179

Capítulo 8
Determinação — 215

Mensagem final — 238

Referências bibliográficas — 239

Prefácio

Você certamente já notou que as profissões estão se transformando. Carreiras tradicionais, antes privilegiadas, ficam hoje em segundo plano, quando não desaparecem. Ao passo que outras nascem a partir de novos conhecimentos que surgem quase que em tempo real. O mundo em que estamos hoje é veloz, incerto, complexo e está em profunda transformação. Para compreendê-lo e decifrá-lo, você, estudante, deve se valer de todo o suporte necessário para identificar seu talento. Pais, professores, amigos influenciam nas escolhas, mas somente você será capaz de tomar suas próprias decisões. É nesse cenário que trazemos um guia para lhe orientar na descoberta do seu talento; um livro que o ajudará a se conscientizar dos desafios impostos pelas rápidas mudanças no mercado de trabalho.

O livro que está em suas mãos é este guia: um instrumento poderoso para ajudá-lo a perceber, identificar e analisar as diferentes possibilidades de carreira que se apresentam. Isso o direcionará não apenas para uma profissão, mas para um propósito de vida, que lhe permitirá ser um profissional capaz, produtivo e extraordinário em qualquer área escolhida.

Não apresentaremos aqui apenas um cardápio descritivo de profissões e deixar a seu cargo a escolha daquela que mais lhe interessar. Falaremos de um processo completo de orientação de carreira. Um método único que trará acesso a ferramentas exclusivas, pensadas e organizadas para a descoberta de sua carreira profissional.

Nossas experiências de vida podem ser uma direção para que você não cometa os mesmos erros que cometemos. Eu, Deibson Silva, logo quando terminei o Ensino Médio, fiquei saturado da maratona de estudos que cumprira e também de toda a cobrança familiar, da escola e dos amigos para ingressar na faculdade. Hoje vejo que me sabotei fazendo o vestibular sem a preparação adequada, mesmo estudando muito. Mas não passar no vestibular foi libertador para mim, pois o que realmente queria era ingressar no mercado de trabalho e ganhar o meu próprio dinheiro deixando, assim, de depender dos meus pais.

Contudo, essa liberdade me custou um preço: fiquei sem direcionamento e clareza no meu propósito, não sabendo qual caminho escolher como carreira e não concluindo quatro cursos diferentes de graduação até encontrar minha verdadeira paixão: a educação. Em razão de tudo isso, perdi muitas oportunidades e só me formei em Pedagogia quase aos 30 anos, quando descobri outra grande paixão: o comportamento humano, chegando até a me especializar em Neuropsicologia pela Faculdade de Medicina da Universidade de São Paulo (USP).

Daí a importância de passar por uma orientação profissional. Quem de nós nunca pensou uma, duas, dez... mil vezes antes de escolher qual área cursar na faculdade, qual carreira seguir? Todos buscamos uma profissão que nos permita desenvolver todo o nosso potencial de aprendizagem e realização, e com a qual nos identificamos. Afinal, serão pelo menos quatro anos de estudo e preparação, período em que seremos moldados para a vida adulta e profissional. E, depois disso, teremos de seguir uma carreira com inúmeros desafios, cobranças, vitórias, conquistas, prêmios e celebrações.

É nesse contexto que o processo de orientação de carreira proporciona um caminho seguro e poderoso de autoconhecimento e aprendizagem. É importante ter claro que não basta pensar apenas no retorno financeiro decorrente dessa escolha, mas, em primeiro lugar, na identificação com a área escolhida e com a possibilidade de realização – pessoal e profissional!

O que torna esse trabalho mais preciso é o processo de autoconhecimento que você iniciará a partir de nosso método: olhando para dentro de si primeiro, você entenderá suas potencialidades e vulnerabilidades, habilidades e comportamentos. Em seguida, no cenário veloz e dinâmico de nossa sociedade, alcançará o empoderamento de sua identidade, ou seja, a valorização de sua essência, proporcionando maior clareza de seu propósito e missão.

Os benefícios desta obra estão concentrados na relação entre experiência e prática, em que nossas vivências aplicadas ao método que desenvolvemos e testamos lhe farão compreender as competências fundamentais para o sucesso, trazendo à tona a consciência de quem você verdadeiramente é e quem deverá ser durante o desenvolvimento de sua carreira profissional.

Esse é o sentimento com o qual este guia foi planejado e organizado. Queremos abrir espaço para que as suas múltiplas inteligências aflorem – você sabia que existem ao menos oito tipos de inteligência reconhecidas cientificamente? – e que seja possível que você a compreenda a ponto de usufruir de cada uma delas em prol de seus interesses e objetivos, em todas as áreas da sua vida. Prepare-se para descobertas extraordinárias e grandes conquistas ao longo da leitura.

O melhor ainda está por vir!

Introdução

Até onde poderíamos chegar se soubéssemos a extensão de nossas inteligências? Será que aqueles rabiscos que você ou algum de seus irmãos faziam quando eram pequenos não poderiam ser o início de um processo de desenvolvimento artístico? Ou aquela "mania" de ficar construindo castelos e pontes no quintal de casa não poderia também ser o indício de alguma futura aptidão? Se olhar para sua história, pode descobrir uma série de momentos em que algumas dessas características ou habilidades se revelaram. Eram sinais tímidos, mas que, talvez, não tenham sido considerados.

Não haver desenvolvido uma ou outra dessas eventuais habilidades em sua infância e pré-adolescência não quer dizer que você fez alguma escolha errada. Talvez você ou os seus pais não tenham dado sequência a um desenvolvimento natural de alguma aptidão sua. Contudo, isso não é um problema agora. O que importa nesse momento é perceber a existência desses potenciais como manifestações naturais do seu ser. Considerar esse aspecto é fundamental para que você comece a pensar sobre as diferentes formas de conceber esse instigante tema: a inteligência em suas múltiplas expressões.

RESPONDA ÀS PERGUNTAS A SEGUIR E VEJA SE CONSEGUE SE IDENTIFICAR COM ALGUMAS DESSAS SITUAÇÕES:

- Já se sentiu deslocado na escola?

- Sempre acha as aulas de matemática tediosas, mas não perde nenhuma atividade de educação física?

- Prefere escrever os conteúdos a ter de falar sobre eles?

- Não entende como alguns dos seus colegas conseguem falar tão bem na frente da sala e até na frente do diretor?

- Acha o seu amigo, que leva o violão para a sala de aula, um futuro grande artista?

- Entende melhor a gramática da língua portuguesa do que fórmulas matemáticas?

- Costuma passar um tempo das aulas desenhando personagens e mundos?

- Tem dificuldades de entender a fórmula de Bhaskara, mas compreende todos os passos da música do momento?

Esses são apenas alguns exemplos que fazem parte de sua rotina na sala de aula. E sabe o que eles têm em comum? A Teoria das Inteligências Múltiplas. Howard Gardner, psicólogo, pesquisador e professor de Harvard, defende a tese de que todos os indivíduos têm, em maior ou menor grau, oito tipos de inteligência, e não apenas uma inteligência geral; ele defende ainda que todas podem ser desenvolvidas e aprimoradas.

Ciente de que suas ideias não eram adequadas para o padrão pedagógico da época, ele escreveu o livro Estruturas da mente: a teoria das inteligências múltiplas (Artmed, 1983), com o qual levou para a comunidade acadêmica uma nova perspectiva para a compreensão da mente humana.

Até onde poderíamos chegar SE SOUBÉSSEMOS A EXTENSÃO de nossas inteligências?

A lista de Gardner compreendia sete inteligências; depois foi ampliada, chegando a oito:

Cada uma dessas inteligências guarda uma especialidade, e, como já vimos nas situações listadas, podemos perceber sua manifestação em acontecimentos cotidianos. Uma sala de aula, por exemplo, é um verdadeiro laboratório de aprendizagem sobre as inteligências múltiplas. Essas inteligências se manifestam de diferentes formas, em diferentes pessoas. Tente perceber como os seus amigos se expressam e como suas habilidades e gostos estão ligados a uma dessas inteligências – em geral, a mais desenvolvida.

Ao perceber quais inteligências afloram no seu desenvolvimento educacional, abre-se a possibilidade do descobrimento de seus talentos em relação às diferentes carreiras. Por exemplo, estudantes que têm a inteligência lógico-matemática como a principal tendem a preferir cursos na área de exatas. Já os que apresentam de modo mais destacado a inteligência linguística manifestam predileção por cursos nas áreas de Ciências Humanas. O mesmo acontece com as demais inteligências. Essa perspectiva de compreensão da escolha de uma profissão é o que propomos neste livro. Uma revolução em seu caminho, a partir da simples, mas poderosa e real, descoberta de suas habilidades.

 Afinal, qual é a sua inteligência?

**Para saber qual seu tipo de inteligência preferencial,
ACESSE:** cisassessment.com.br/degustacao/dstim

Para acessar, basta colocar a câmera do seu smartphone sobre o QR code ao lado.

AS CINCO CHAVES PARA A MATURIDADE DA ESCOLHA PROFISSIONAL

Escolher uma profissão nos dias de hoje é uma tarefa complexa, às vezes arriscada, embora sempre necessária. Diferentemente do que acontecia no passado, hoje somos bombardeados dia e noite por canais de comunicação e marketing com inúmeras opções de cursos "maravilhosos", escolas modernas que investem muito em estrutura e na satisfação do aluno, além de universidades que prometem mundos e fundos "a quem se candidatar a uma vaga".

A julgar pelas propagandas, basta se matricular em qualquer uma dessas escolas ou cursos e pronto, tudo parece se resolver, o mercado de trabalho abrirá suas portas, proporcionando um ótimo emprego, remuneração atraente, com incríveis possibilidades de crescimento e desenvolvimento.

Será que isso é possível e tão fácil quanto se propaga nas chamadas de televisão ou nas publicidades na internet?

Digamos que você assiste a uma dessas propagandas e pensa: com essa avalanche de ofertas, como explicar o cenário de desempregados dos últimos anos?

Talvez considere: "Essas pessoas não estavam qualificadas". Sim, em parte, isso está certo.

Muitas dessas pessoas que se encontram desempregadas, de fato, não tinham o tipo de qualificação exigido hoje pelas empresas. Pelo menos em parte, isso é mesmo verdade. Contudo, há outras questões nessa história: como explicar os engenheiros, advogados, professores, economistas, técnicos de toda ordem, além de médicos, filósofos e tantos outros profissionais que enfrentam cada vez mais dificuldade em encontrar um emprego?

Isso não significa que todas as portas estão fechadas. Na verdade, há uma série de novas possibilidades que podem atender a diferentes demandas. As opções de carreira se resumiam a poucos percursos: excluindo-se o setor público, se o indivíduo pertencesse a uma família tradicional, sua escolha possivelmente recairia em seguir os passos dos pais.

Então, o que faz a diferença hoje?

O que realmente muda é a escolha que você faz, seja como estudante, seja como futuro profissional. Quanto mais próxima ou conectada essa escolha estiver daquilo de que você mais gosta e sabe fazer, maiores serão suas chances de sucesso em um mercado turbulento e disputado.

Isso é o que explica por que fazer os melhores cursos não é suficiente para ter uma carreira de sucesso. Se você está na trilha errada, fazendo uma coisa, e, por qualquer motivo, querendo fazer outra, existe o risco de não dar certo. Portanto, a diferença está nisto: descobrir seu verdadeiro talento e suas aptidões. Contudo, como descobrir isso?

AS CHAVES DA DECISÃO

Existem vários meios e recursos que podem ajudar a escolher qual, entre as inúmeras opções de carreira, é a que melhor atende as suas expectativas de realização profissional. Qualquer que seja o caminho pelo qual você optar, se quiser mesmo escolher com maturidade qual carreira seguir, será essencial conhecer e usar as cinco chaves para a tomada de decisão:

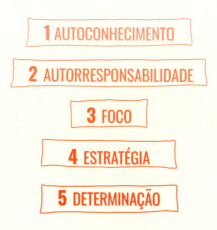

Essa metodologia permitirá dar início a uma aventura única na busca por uma carreira promissora, na qual escolherá não apenas uma profissão, mas também seu verdadeiro propósito.

Nos próximos capítulos, você aprenderá a usar cada um desses cinco instrumentos, de maneira lúdica, prazerosa e profunda. Queremos trazer para a sua realidade assuntos que parecem distantes (e que muitas vezes estão em jogos e filmes de super-herói), criando, assim, oportunidades de análise que darão mais fundamentos para suas escolhas.

A chave do AUTOCONHECIMENTO é o primeiro passo para qualquer processo de desenvolvimento humano, pois, ao mergulhar dentro de si mesmo e ter uma visão crítica de seus comportamentos, opiniões e de suas ações, o seu mundo interior e exterior ganham novas possibilidades e novas perspectivas.

Já a chave da **AUTORRESPONSABILIDADE** demonstrará que você (e mais ninguém!) é o único responsável pelo seu sucesso. Aprenda a importância de assumir de modo pessoal e direto a responsabilidade por suas decisões, alcançando, assim, oportunidades incríveis. Uma nova perspectiva surge quando você toma para si a responsabilidade pelas coisas que faz.

Outra chave de suma importância nesse processo é o **FOCO**. Com esse instrumento, é possível explorar todo o seu potencial, dando prioridade às coisas mais importantes do seu dia a dia e eliminando distrações e outras interferências que retardam o seu processo de desenvolvimento. Descubra e supere os agentes limitadores; pare com desculpas e historinhas e alcance seus mais ousados objetivos.

Para que tudo isso ocorra, porém, você precisa de **ESTRATÉGIA**, a chave que o faz pensar sobre os melhores e mais adequados caminhos para chegar aonde deseja! Com ela, você encontrará os meios mais eficazes de se organizar, e, de maneira consciente, estabelecer metas e etapas, alocando os recursos necessários para a empreitada, e se preparando para os desafios do dia a dia. Com estratégia, é fácil desenvolver e elaborar um plano consistente para a sua carreira, visualizando de maneira clara aonde quer chegar.

Por último, **DETERMINAÇÃO** – o motor de todas essas chaves. Com ela você aprenderá como sair de sua zona de conforto, vencer o comodismo e transformar o seu esforço em resultados exponenciais. Apenas com preparo e dedicação será possível alcançar os seus sonhos mais ousados. No entanto, é preciso entender que nossa trajetória não se faz com uma linha reta ou em um voo tranquilo sem turbulências. Precisamos estar cientes de que desafios surgirão e que deveremos estar preparados para eles, de modo a reajustar a rota e, muitas vezes, até estar dispostos a escolher um novo destino.

Aprenda a viver todos os dias em busca da vida que você merece!

DREAMLIST

O primeiro passo para uma vida extraordinária é visualizar essa realidade. Com a ferramenta Dreamlist é possível listar seus maiores objetivos. Quais são seus dez sonhos para uma vida abundante?

Escreva-os a seguir, sem limites, sem contenções para o tamanho de cada um ou para a ousadia necessária para realizá-los. Não se preocupe se algum deles parecer impossível aos seus olhos neste momento. Liste-os.

ESCREVA AQUI OS SEUS SONHOS MAIS OUSADOS

1.

2.

3.

4.

5.

6.

7.

8.

9.

10.

E qual a chance de se tornarem reais? Tem algum palpite?

Como sabemos, sonhar é importante, mas não é suficiente. É preciso que você mesmo se ajude para conseguir realizar o seu sonho. Por isso pergunto: o que tem feito para realizá-los?

Tente responder no próximo exercício.

CHANCES DE REALIZAÇÃO DOS SEUS SONHOS MAIS OUSADOS

QUAL O SEU SONHO
Descreva seu sonho, conforme o mencionou na *Dreamlist*

CHANCE DE REALIZÁ-LO
Dê uma nota (de 0 a 10), considerando a possibilidade de realização de cada um dos seus sonhos

AÇÕES IMPLEMENTADAS
O que já fez, tem feito ou pensa em fazer para realizar este sonho?

(Quanto mais próximo de 10, existem boas chances de realização)

exemplo:

APRENDER UMA NOVA LÍNGUA — 9 — Estou matriculado em uma escola e faço aulas por conta própria em aplicativos.

AUTOCONHECIMENTO

Se você vivesse na Grécia antiga, por volta de 420 a.C., provavelmente teria o privilégio de encontrar o filósofo Sócrates caminhando pelas ruas de Atenas. Já pensou como seria essa experiência? Enquanto caminhava, como era o seu costume, o filósofo conversava com os seus discípulos sobre a verdade, sobre o conhecimento e a inteligência dos seres humanos (entre inúmeros outros temas). Em uma dessas conversas, Sócrates comenta, com um de seus pupilos, Glauco, irmão de Platão, uma interessante metáfora chamada "A alegoria da caverna", assim resumida:

★ ★

No interior de uma caverna, homens acorrentados, que nasceram e cresceram naquele lugar, ficam de costas para a e oas que passam por ali (atrás deles, mas fora da caverna) carregando objetos, animais, plantas e outras coisas, em situações do dia a dia. Eles também escutam os sons dessas pessoas e os atribuem às sombras que veem. Assim, julgam que essas sombras sejam a realidade.

Um dos prisioneiros consegue escapar da caverna. Depois de um período de adaptação, seus olhos se acostumam com a luz, de maneira que ele agora não contemple o mero reflexo, mas o próprio Sol, ou a luz que o astro projeta nas coisas. Quando ele se dá conta do que está acontecendo, percebe que as sombras que via e que achava ser a realidade das coisas, na verdade eram apenas o reflexo do mundo lá fora, uma ideia da realidade. Com isso, ele, então, se anima pela possibilidade de contar a verdade aos seus antigos companheiros, e retirá-los de dentro das trevas que banham a caverna, de maneira que eles também possam enxergar a luz, e não mais as sombras, e conhecer de verdade a realidade.

Contudo, ele não contava com um retorno amargo à caverna, pois ao ouvirem as suas notícias, seus companheiros pensam que a luz do Sol teria ofuscado os seus olhos. Não valeria a pena sair de onde estavam. E a razão era a "cegueira" pela qual foi acometido aquele antigo companheiro.

(Texto adaptado)

★★★

SUGESTÃO:
PARE POR ALGUNS INSTANTES O QUE ESTÁ FAZENDO E RESPONDA DE MANEIRA CLARA E OBJETIVA À PERGUNTA: **"QUEM É VOCÊ?"**.

É claro que levará algum tempo para responder de maneira clara, sincera e objetiva. Afinal, quantas possibilidades de resposta essa pergunta permite, não é?

Já parou, honestamente, para se perguntar

quem é e quais

são os seus OBJETIVOS

neste MOMENTO para

o futuro?

Conhecer o seu "eu", requer uma imersão profunda. Não é uma tarefa fácil, mas é essencial para alcançar o seu sucesso pessoal e profissional, de modo que possa desenvolver tudo o que é necessário para aprimorar suas habilidades. E, com isso, explorar 100% de sua potencialidade para chegar ao topo.

Como foi pontuado na "Alegoria da caverna" (o trecho está no livro *A república*, de Platão), os filósofos gregos já conheciam o profundo valor que existe no autoconhecimento para uma vida plena. Sócrates, um dos mais importantes filósofos de todos os tempos, cunhou essa expressão "Conhece-te a ti mesmo e conhecerás os deuses e o universo". Com essa frase, o filósofo queria sugerir que se for possível olhar e conhecer a sua essência, com uma visão crítica de seus comportamentos e ações, o seu mundo interior e exterior ganham novas possibilidades e cenários.

Durante a rotina, o medo e nossas zonas de conforto nos paralisam. Quando isso acontece, viramos presas e passamos apenas a observar as oportunidades de crescimento, que escapam sem nos dar uma segunda chance. De certa maneira, nós nos comportamos como aqueles prisioneiros da caverna, pois estamos presos às nossas limitações, justificando a cada dia as oportunidades perdidas.

Veja estes exemplos:

- Trabalhos ou grupos que você deixa de liderar pelo medo da responsabilidade.
- Apresentações que você evita fazer na sala de aula por não confiar em sua capacidade de exposição.
- Concursos ou competições de que você abre mão de participar por acreditar que suas experiências não são válidas.
- Tarefas ou trabalhos escolares que você empurra ou deixa para entregar no último minuto da prorrogação porque não se preparou ou não deu a eles a devida importância.

Se você já jogou videogame, com certeza sabe da importância de aproveitar as oportunidades no momento em que elas aparecem. Uma que deixamos escapar pode significar a perda do que se conquistou ao longo do jogo – o que inclui vidas (lives), insumos, mapas, territórios conquistados etc. E o pior: se perder a oportunidade, às vezes, tem de refazer todo o percurso, até que uma nova apareça, em um outro momento (longas horas ou dias depois), para que possa passar de fase.

Sem um domínio do jogo, sem um plano e sem o conhecimento de quais são as suas próprias metas – e, sobretudo, quem tu és –, o risco de não chegar a nenhum lugar é bem alto.

 Vai querer pagar esse preço?

> **MORAL DA HISTÓRIA** Enquanto estivermos presos a uma realidade que consideramos única e absoluta, novos conhecimentos e oportunidades se esvairão de nossa vida. Só quando saímos da "caverna" (abandonando nossa arrogância e buscando a luz do Sol), o nosso horizonte se ampliará, permitindo-nos compreender a realidade em que vivemos, em um novo mundo de oportunidades.

QUAIS AS COISAS MAIS IMPORTANTES QUE VOCÊ APRENDEU COM A METÁFORA?

Capítulo 1 - Autoconhecimento | 31

CARTA DE MISSÃO E PROPÓSITO

Escreva uma carta apresentando sua definição, qual o seu propósito de vida (por que está fazendo o que faz) e qual a sua missão (pense no futuro, aonde quer chegar). Responda às questões a seguir. Elas o ajudarão a formular sua carta.

O QUE DIFERENCIA VOCÊ DAS OUTRAS PESSOAS? (ESSÊNCIA)

QUAIS SÃO AS SUAS HABILIDADES ESPECIAIS? (TALENTO)

COLOQUE ABAIXO 2 OBJETIVOS: UM OBJETIVO PESSOAL E OUTRO PROFISSIONAL.

QUAIS SÃO OS SEUS PRINCIPAIS MOTIVOS PARA FAZER ISSO ACONTECER? (MOTIVOS)

COMO VAI REALIZAR ISSO?

Sugestão para escrever sua carta, usando suas respostas a essas perguntas.

> "Meu propósito é... (essência), usando minha capacidade de... (características), para realizar... (objetivos), porque... (motivos), por meio de... (carreira)."

Outro exemplo sobre propósito:

> Meu propósito é ser autêntico, otimista e determinado, usando minha capacidade de conexão, persuasão e criatividade para criar soluções que possam contribuir com o máximo possível de pessoas, porque, assim, poderei amenizar suas dores e auxiliá-las em seu desenvolvimento por intermédio do CIS Assessment. (Deibson Silva)

AGORA ESCREVA A SUA CARTA.

APRENDA A MUDAR
(SUAS OPINIÕES, SUA POSTURA, SUA VISÃO DE MUNDO)

Tem muitas convicções? Cuidado. É importante ter opiniões firmes – até o limite de sermos capazes de reconhecer que podemos não estar tão certos como pensamos. Hoje em dia, há muitas convicções e certezas, e parece que todos estão certos o tempo todo. Se aguçar o seu senso crítico, perceberá que nem sempre isso é possível. O maior problema das convicções mais ferrenhas é que elas se sustentam em opiniões – ou em recortes da realidade.

Uma opinião parece não ter compromisso com a verdade, sobretudo quando ela é leviana ou baseada em outras opiniões. Como resolver isso? Admita que você ou qualquer outra pessoa nem sempre, pelo menos, é o dono da verdade. Acredite que, em alguns casos, é possível (e até necessário) admitir a possibilidade de mais de uma verdade (dependendo da circunstância em que dizemos algo). O que recomendamos é que use toda a sua capacidade de bom senso e pesquisa, consulte os dados, obtenha mais informações, escute mais de uma fonte e considere a realidade do seu interlocutor.

Como exercício, faça uma lista com todas as suas convicções, sobre os assuntos que mais lhe interessam. Reveja suas opiniões e convicções, comparando-as com dados e estatísticas. Estude e pesquise, não se fie apenas na opinião descompromissada e rancorosa. Antes de tudo, esteja pronto para mudar – de opinião, inclusive!

Atribui-se ao filósofo Immanuel Kant esta frase "O sábio pode mudar de opinião, o ignorante nunca". Abrir-se a novos pontos de vista e mudar quando necessário não significa não ter personalidade. Mudar e conhecer-se são sinais de maturidade e um grande passo para o seu autoconhecimento. Será que você acredita em tudo o que defende? Desconstruir velhos conceitos e mudar de ideia são resultado de um processo profundo de reflexão e de autoconhecimento.

Capítulo 1 - Autoconhecimento | 35

DICA DE FILME:

HOMEM DE FERRO: UM NOVO HOMEM DEPOIS DA CAVERNA

Na alegoria da caverna, os indivíduos presos às sombras desconhecem o mundo exterior. Um deles consegue sair do claustro, encontra a luz e o conhecimento nasce em sua consciência. Ele é um novo homem após se conhecer.

"Eu sou o Homem de Ferro". Com essa frase, Tony Stark, um importante vendedor de material bélico, define-se após sair da caverna em que era mantido depois de raptado. Os dias presos na caverna foram desafiadores, longe de casa e do bem-estar diário. Porém, mesmo com a possibilidade de ter tudo, ele ainda estava nas sombras e não se conhecia o suficiente para falar de si de maneira positiva, sem arrogância. Foram necessárias a ida até a caverna, as provações e a saída para saber qual seu "eu verdadeiro" e tornar-se o Homem de Ferro.

Um filme que o ajudará a refletir sobre si e sobre o mundo em que vive.

ANOTE AQUI AS COISAS MAIS IMPORTANTES QUE VOCÊ APRENDEU COM O FILME.

Para mais exercícios e conteúdos em áudio e vídeo exclusivos da nossa plataforma de orientação de carreira,
ACESSE: teens.goowit.com

Para acessar, basta colocar a câmera do seu smartphone sobre o QR code ao lado.

36 | Decifre seu talento

DECIFRE E INFLUENCIE PESSOAS

Sejamos honestos: se todos nós soubéssemos lidar com as outras pessoas, as nossas vidas seriam muito mais fáceis, não concorda? Os casamentos seriam mais felizes, não haveria brigas entre irmãos e as equipes de trabalho seriam mais harmoniosas e mais produtivas. Você também não teria problemas com seus superiores, nem com seus subordinados, e seria muito mais fácil alcançar os resultados com que tanto sonha.

O fato é que todos nós queremos descobrir e entender os mecanismos que motivam os indivíduos a agirem como agem e a fazerem o que fazem. A verdade é que a maior parte das pessoas está perdida. Gestores não sabem como gerenciar aqueles que estão sob sua liderança, familiares não sabem lidar com as pessoas mais próximas.

Preferimos ouvir o que a pessoa está achando, se está ou não aprovando o que estamos fazendo. Você está começando a trilhar a sua carreira, mas faça um exercício de imaginação: se o seu colaborador, por exemplo, não tiver confiança suficiente para expressar com sinceridade o que pensa, será que ele realmente expressará seus pontos de vista com franqueza?

Capítulo 2 - Decifre e influencie pessoas | 39

Não tenha dúvida: se ele não se sentir confortável, não falará nada ou dirá apenas o que você quer ouvir.

Praticamente todas as pessoas expressam sentimentos, afetos e desconfortos por meio do comportamento e da comunicação não verbal (ou gestual). E isso quase sempre depende do que estão sentindo ou pensando. Apenas os indivíduos com inteligência emocional bem desenvolvida conseguem controlar a espontaneidade de seus movimentos. No entanto, estes são em menor número. De modo geral, somos iludidos pela fala das pessoas.

Ou seja: lidar com pessoas não é uma tarefa fácil. Exige conhecimento e o desenvolvimento de competências que nem sempre temos disponíveis ou estamos preparados para usar. No entanto, não podemos fugir disso, já que estamos predestinados a não só caminhar juntos com indivíduos diferentes, mas também a compartilhar nossos projetos, sonhos e realizações.

Nosso maior desafio é conseguir estabelecer relações harmoniosas com os outros, compreendendo seus comportamentos e ajudando-os a encontrar espaço e oportunidades para que possam crescer e se desenvolver. E precisamos fazer isso de modo que eles nos ajudem a alcançar nossos objetivos, compartilhando talentos e conhecimentos, e realizando-se plenamente.

Um grande obstáculo para o convívio harmônico e produtivo está no fato de desprezarmos as características que nos distinguem uns dos outros. Não somos iguais. Em geral, tratamos os outros como se pensassem e agissem como nós. Ou como gostaríamos que agissem. Você concorda?

Se isso fosse possível, nossas relações interpessoais seriam bem mais fáceis, até porque seriam bastante previsíveis. Contudo, só isso não garante que seriam melhores. Afinal, em um mundo onde os sonhos, os desejos e as formas de pensar e agir fossem os mesmos para todos, que motivação teríamos para viver e superar novos desafios? Qual seria a nossa motivação? Você pode responder a essa pergunta silenciosamente.

O fato é que, ainda que o mundo seja o mesmo para todos, cada indivíduo o vê e pensa de modo único e específico, de acordo com os próprios interesses e paradigmas. Isso torna nossa tarefa desafiadora, pois temos de juntar nossas diferenças, preservando a individualidade de cada um e sem perder de vista o bem de todos. Tudo isso em prol da realização dos interesses coletivos, do alcance de nossas metas e objetivos comuns.

Nesse sentido, o que estamos apresentando a você neste livro é a necessidade fundamental de entender duas coisas:

1 É possível crescer e se desenvolver mesmo entre pessoas que pensam diferente. As adversidades costumam ser ótimas oportunidades de transformação. Diferenças e divergências não se constituem necessariamente em obstáculos – se soubermos trabalhar com elas.

2 Também precisamos reconhecer que cada ser humano tem peculiaridades que formam seu caráter e sua personalidade. São justamente esses aspectos que nos tornam únicos.

É importante compreender que se relacionar com pessoas não significa levar vantagem sobre elas. A ideia não é dominá-las, nem as manipular para que atendam aos nossos desejos. Você pode encontrar nossa forma completa de pensar sobre esse assunto no livro Decifre e influencie pessoas, no qual abordamos de maneira aprofundada como o entendimento do comportamento humano traz benefícios incontáveis aos relacionamentos interpessoais.

A condição fundamental para entender o outro é que você seja capaz de se compreender, conhecendo-se melhor e até se reinventando para que possa realizar seus projetos e sonhos. Não importa se você está em casa, na empresa ou no convívio com amigos. A única maneira de contribuir de modo efetivo para o desenvolvimento das pessoas que estão ao seu lado é a partir do próprio autoconhecimento. Quanto mais você se conhece, mais você cresce e melhores condições tem de ajudar as pessoas à sua volta a crescer.

Não é à toa que o **autoconhecimento** é o PRIMEIRO PASSO NESSA JORNADA de escolha **profissional**

Incrível, não?

Com isso, responda às perguntas a seguir:

QUAL SEU SENTIMENTO EM UM AMBIENTE QUE FAVOREÇA SITUAÇÕES HARMONIOSAS E EM QUE OS CONFLITOS SEJAM VISTOS E TRATADOS NÃO COMO EMBATES, MAS COMO OPORTUNIDADES DE CRESCIMENTO MÚTUO?

_____
_____
_____
_____
_____

QUAL ATITUDE VOCÊ TOMA PARA CAMINHAR JUNTO DE OUTRA PESSOA EM BUSCA DE OBJETIVOS MÚTUOS?

_____
_____
_____
_____
_____

Você concorda que se aprendêssemos a ver e a ouvir melhor outras pessoas, compreendendo-as e percebendo suas dificuldades, nossa vida teria mais sentido? Veja só estes exemplos a seguir e desafiamos você a pensar mais sobre isso:

> Pense em suas relações pessoais ou na vida familiar — será que seríamos mais felizes se percebêssemos os limites do outro? Ou se soubéssemos quando estamos sufocando o outro com as nossas ansiedades? Será que não haveria menos desentendimentos entre irmãos se pudéssemos aceitar com tranquilidade diferentes pontos de vista?

pessoal

trabalho

> E as equipes de trabalho, por exemplo: será que poderiam ser mais harmoniosas e produtivas se os seus membros deixassem seus egos e vaidades de lado e conversassem mais pensando no todo, e não só no exclusivo "eu" individual?

Capítulo 2 - Decifre e influencie pessoas | 43

Seguindo essa linha de raciocínio, afirmamos que existem três formas de uma pessoa crescer:

Vamos explicar cada um desses passos de maneira aprofundada agora.

1 A primeira forma de crescimento é ter humildade. É saber que você precisa de ajuda, que não chegará sozinho a nenhum lugar. Uma pessoa até pode correr sozinha, mas não vai muito longe. O contrário de ser prepotente é se dispor a pedir ajuda, é estar perto dos melhores e perceber como chegaram aonde estão, é dizer "eu não sei" e querer aprender, querer estudar mais, se aplicar, construir uma nova versão de si, estar com as pessoas certas ao seu lado, ter mais flexibilidade para ser uma pessoa melhor a cada dia.

QUANTO DESSAS CARACTERÍSTICAS PODE TÊ-LO IMPEDIDO DE CONQUISTAR MELHORES RESULTADOS?

ESCREVA NAS LINHAS A SEGUIR QUAIS FICHAS CAÍRAM PARA VOCÊ AO LER O CONCEITO DE ARROGÂNCIA E PREPOTÊNCIA.

2 A segunda forma pela qual uma pessoa pode crescer é cultivando a modéstia. Uma pessoa vaidosa não cresce, não é capaz de se aprimorar. Por isso, nunca se envergonhe de ser quem você é! Reflita se você tem alguma das características de uma pessoa vaidosa. Pense em todas as áreas da sua vida (financeira, profissional, emocional, saúde etc.). Você está mais preocupado com os outros do que consigo mesmo?

ESCREVA NESTAS LINHAS O QUE VOCÊ APRENDEU AO LER O CONCEITO DE VAIDADE.

3 A terceira maneira de crescer é evitar os atalhos. Se um atalho fosse bom, ele seria um caminho. Há pessoas que buscam o meio mais fácil de ter sucesso, saúde, dinheiro. Se querem passar de ano, buscam um atalho: "colam" as respostas de seus colegas e tiram notas que não condizem com o esforço que eles colocaram para estudar. Outros querem ficar rapidamente ricos, ter sucesso, e, por isso, se corrompem, mentem, enganam, subornam. Nada que vem de maneira fácil se sustenta por muito tempo.

Capítulo 2 - Decifre e influencie pessoas | 45

PARE E PENSE: VOCÊ ESTÁ TROCANDO ATALHOS POR CAMINHOS? Novamente, pedimos que preste atenção a todas as áreas da sua vida. Escreva nas linhas a seguir o que você aprendeu ao ler o conceito de atalho. Seja sincero consigo!

Não temos dúvida de que, se você souber tratar adequadamente outras pessoas, será muito mais fácil construir relacionamentos saudáveis e duradouros, ou alcançar melhores resultados para o seu negócio, a despeito de eventuais discordâncias com os seus superiores ou com os seus subordinados. Você poderá comprovar isso ao longo deste capítulo.

Refletindo sobre as suas diferenças com as outras pessoas e sobre seus próprios defeitos, responda a seguinte indagação: se você tivesse a oportunidade de escolher, gostaria de ser feliz ou ter razão? Pense bem! Para você continuar pensando, leia a história a seguir.

Imagine que você tem uma discussão com os seus pais por algo banal. Todos estão exaltados, e, consequentemente, assuntos alheios à discussão começam a surgir. Essas palavras, ditas fora de hora, acabam deixando marcas e, às vezes, até algum rancor. Em uma situação dessas, e passado algum tempo, a mais comum das perguntas é: quem estava certo? Lembra de ter vivido um momento como esse?

Se você não conhece o outro, não compreende a forma dele de ver o mundo, não entende o que os seus pais falam ou não tem ideia das necessidades e dos desejos do seu próximo, o conflito se repetirá porque a mágoa sempre estará presente. Isso faz sentido para você?

Afinal, frequentemente, as pessoas estão olhando para as mesmas coisas e vendo realidades opostas. Nessas situações, não existem o certo e o errado, mas compreensões e percepções divergentes dos mesmos aspectos. É isso que todos nós precisamos entender. Na verdade, esses pequenos incidentes são apenas desculpas para que toda uma frustração e descontentamento com a vida ou com pessoas (próximas e queridas) venham à tona. São desculpas e gatilhos que desencadeiam impulsos reprimidos e sentimentos que estão fora de lugar.

Novamente perguntamos: se pudesse escolher, você preferiria ter razão ou ser feliz?

Vamos ampliar um pouco mais esses conceitos de "ter razão" e "ser feliz". Leia as frases a seguir:

 TER RAZÃO pode significar estar sempre certo, a qualquer custo. É fazer valer suas verdades, mesmo que isso machuque ou magoe pessoas queridas.

SER FELIZ pode significar viver em harmonia, ter a capacidade de compreender os outros, dar-lhes oportunidades de crescimento — sem que você abra mão dos seus valores.

Qual dessas frases melhor descreve o seu comportamento no dia a dia? Com qual delas você se sentiria mais satisfeito em sua vida?

A ideia de ser feliz não tem nada a ver com ilusão. Assim como ter razão não significa necessariamente estar sempre certo. No entanto, por que dizemos isso? Porque, se não conhecemos as pessoas com as quais nos relacionamos, nossas análises sempre serão superficiais e baseadas apenas em dados da realidade imediata ou em aspectos que não estamos sabendo interpretar adequadamente.

É possível que, ao se dar conta de que ter razão é insuficiente para ser feliz, você se sensibilize e tente repensar algumas atitudes. Contudo, alertamos: tomar essa decisão é fundamental, mas, por si só, não basta. Conhecer e decifrar pessoas exige dedicação e interesse sincero por elas. Isso em todos os âmbitos: familiar, profissional, social etc. Por isso, é preciso aprender e saber o que está por trás dos comportamentos e das expressões humanas.

 Está pronto? Então, vamos lá!

Capítulo 2 - Decifre e influencie pessoas | 47

EXERCÍCIO

Responda às perguntas a seguir. Se você chegou até este ponto do livro, suas respostas já podem estar bem delineadas. Porém, a partir dos assuntos novos que leu, com certeza novos insights devem estar surgindo e o papel é o melhor lugar para registrá-los.

1. QUAIS SÃO SUAS MAIORES QUALIDADES?
FAÇA UMA LISTA COM PELO MENOS 5 ITENS.

2. E SEUS MAIORES DEFEITOS? QUAIS SÃO OS PONTOS QUE PODERIAM MELHORAR?
FAÇA UMA LISTA COM PELO MENOS 5 ITENS.

3. COMO VOCÊ ESTÁ ENCARANDO OS SEUS DESAFIOS?

4. O QUE (OU QUEM) TIRA VOCÊ DO SÉRIO?

5. VOCÊ É MELHOR EM FALAR OU EM OUVIR? POR QUÊ?

6. E SE VOCÊ PUDESSE EXPLORAR 100% DAS SUAS POTENCIALIDADES, QUEM VOCÊ SERIA?

7. AFINAL, QUEM É VOCÊ?

CONHEÇA A TEORIA DISC

A trajetória da teoria DISC começou em 1928, quando o advogado e doutor em Psicologia, PhD por Harvard, William Moulton Marston, aos 35 anos, apresentou um método de compreensão dos padrões de comportamento no livro As emoções das pessoas normais (publicado no Brasil pela editora Success For You em 2015). O título já deixava claro que seus estudos não se propunham a fazer uma análise de certos distúrbios mentais (psicopatologias), mas entender as emoções cotidianas das pessoas. Tudo isso antes de sua criação mais popular: a Mulher-Maravilha. Sim, Marston criou a teoria DISC e a personagem de histórias em quadrinhos.

Bem antes disso, Marston recebeu um financiamento do exército norte-americano para suas pesquisas. A instituição queria entender por que os soldados respondiam de maneira distinta aos comandos dos superiores. A pesquisa de Marston enfatizou que o segredo para compreender essas diferenças estava na relação estímulo-resposta, ou seja, que as pessoas diferentes respondem de maneiras diversas a um mesmo estímulo.

Isso pode parecer meio óbvio hoje, mas, naquela época, havia muita controvérsia. Esse foi o ponto de partida dos estudos de Marston. Depois de analisar os padrões de comportamento e as reações instintivas de milhares de pessoas, ele classificou o comportamento humano como o somatório de quatro fatores básicos, que viriam a formar o acrônimo conhecido como DISC:

Dominance
DOMINÂNCIA
Exercer controle sobre; predominar.

Influence
INFLUÊNCIA
Influenciar uma ação; persuadir.

Steadiness
ESTABILIDADE
Manter-se constante; estável.

Conscientiousness
CONFORMIDADE
Agir de acordo; em conformidade.

O ESSENCIAL DE CADA PERFIL

Ao estudar e pesquisar milhares de pessoas normais, como nós e você, Marston notou que a população adulta apresentava esses quatro fatores de maneira consistente e duradoura. Ou seja: todos nós temos os quatro fatores em nosso comportamento. Porém, se o fator Conformidade for mais evidente em um indivíduo, é provável que ele apresente as características comportamentais desse fator por toda a sua vida. O mesmo ocorrerá com os demais fatores: Dominância, Influência e Estabilidade.

Entretanto, ainda que apenas um dos fatores se destaque, o fato de termos os outros três significa que poderemos aprimorar algumas características presentes nesses outros fatores, ou até atenuar certos traços muito claros em nosso fator predominante. A partir disso, o método DISC avalia comportamentos relativamente fáceis de serem percebidos.

É possível identificar quais fatores estão mais presentes em alguém apenas observando como essa pessoa gesticula, por seu modo de andar e falar, como se expressa quando está negociando, como expõe suas opiniões ou como reage às críticas ou aos elogios que recebe. É um hábito que leva tempo, mas, sim, é extremamente possível.

Vamos fazer um teste?

Preste atenção nas pessoas mais destacadas em sua sala de aula. Perceba as principais formas de expressão dessa pessoa: como ela fala, como chama a atenção do professor, como se expressa conversando com você e seus colegas.

Podemos imaginar que o perfil comportamental de uma pessoa seja o resultado de uma receita composta desses quatro ingredientes, ou seja, dos fatores que compõem o seu perfil de comportamento. Na medida em que somos diferentes uns dos outros, cada pessoa apresentará diferentes proporções de cada um desses quatro elementos; e, em consequência, terá diferentes modos de expressar o seu comportamento. Cada pessoa, no entanto, terá sempre um ingrediente em maior quantidade que os demais.

Capítulo 2 - Decifre e influencie pessoas | 51

É justamente esse ingrediente mais frequente que indicará o fator de predominância no indivíduo. Contudo, ele também terá em si os outros elementos, em diferentes níveis. Assim, algumas "receitas" levarão muito mais Dominância; outras, uma quantidade menor ou maior de Influência; e outras, talvez apenas uma pitada de Estabilidade ou Conformidade.

Faz sentido para você? Consegue perceber isso?

No conjunto, a intensidade de cada componente fará toda a diferença no resultado final, isto é, na forma como essa pessoa expressará seu comportamento. Entretanto, antes de começar a misturar esses "sabores", vamos primeiro conhecer os ingredientes um a um, sua formulação, características, possibilidades.

As próximas páginas apresentarão um resumo dos perfis comportamentais. Além de apresentar a teoria, selecionamos as partes que julgamos fazer mais sentido para você, como um estudante ou jovem que ainda está buscando escolher sua carreira de maneira objetiva. No entanto, se você se interessar pelo tema e desejar se aprofundar nesse assunto, recomendamos a leitura do livro Decifre e influencie pessoas. Você não se arrependerá!

> **"A chave para se comunicar efetivamente com o próximo está em não julgá-lo e nem tentar mudá-lo, mas decifrar a si mesmo. Para isso, é preciso ser um profundo conhecedor da sua alma e dos seus comportamentos."**
>
> **Deibson Silva**

FATOR DOMINÂNCIA (D)

Dominance
DOMINÂNCIA
Exercer controle sobre; predominar.

Dominância (D) é o fator do controle e da assertividade. O traço que indica como uma pessoa lida com adversidades, obstáculos e desafios tentando superá-los. Pessoas com alta intensidade do fator "D" (alto D) são diretas, ousadas, competitivas e lutam energicamente para atingir os resultados que desejam.

Os dominantes são determinados e decididos, com alta capacidade de concentração e muito foco no trabalho, principalmente nos objetivos e resultados. Na maior parte das vezes, tendem a desconsiderar os aspectos emocionais e sentimentais que rodeiam os seus relacionamentos, os quais, em geral, são construídos sem muita intimidade.

Características de essência do fator "D"

- Gostam de desafios e agem de modo determinado para a conquista de resultados e objetivos.

- Precisam de autonomia e de posições que lhes permitam visualizar oportunidades de crescimento.

- Sentem-se confortáveis e muito confiantes para assumir posições de comando e liderança.

- Lidam bem com situações de risco e de pressão, sobretudo quando é necessário decidir rápido.

Como reconhecer um Dominante?

A palavra-chave que revela se uma pessoa apresenta um comportamento com alta intensidade do fator D é intolerância. Se algo incomoda um Dominante, ele não terá "papas na língua" nem freios para falar em alto e bom som do seu desconforto, ou que está insatisfeito. E apontará sem subterfúgios o motivo da insatisfação, doa a quem doer.

Tudo é "para ontem". Portanto, sua intolerância e impaciência também podem ser percebidas quando precisam lidar com alguém cujo ritmo é mais lento ou que necessite de muitos dados e muitas explicações para realizar algo. A raiva do dominante pode ser vista como uma potência para a ação, uma ferocidade nata, uma chama que o impulsiona a perseguir incansavelmente os objetivos.

Se esse indivíduo tem noção ou consciência do impacto que esses seus impulsos provocam, ele poderá controlar e canalizar esse sentimento de raiva para usá-lo a seu favor, e no momento adequado. Contudo, se não tem essa consciência, esse sentimento será extremamente tóxico tanto para ele como para as pessoas que o cercam.

Aqui vai um detalhe interessante para você pensar: é comum que pessoas com fator Dominância ocupem situações de liderança. Entretanto, isso não significa dizer que todo líder tem o fator Dominância como característica predominante.

PERCEBA SE ALGUM AMIGO SEU ESTÁ PRÓXIMO DESSAS CARACTERÍSTICAS E ANOTE NAS LINHAS A SEGUIR QUAIS DELAS MAIS SE DESTACAM.

No quadro a seguir, observe como atuar frente a estes traços.

SE VOCÊ...	O QUE PODERIA MUDAR?
É autoritário, dominador, impositivo.	Seja mais justo, democrático e mais paciente em suas decisões.
É inflexível e parcial – sempre decide em detrimento de apenas um lado.	Busque ser mais conciliador, tente agregar diferentes pontos de vista.
É individualista, egocêntrico, fechado.	Tente se abrir mais às ideias e opiniões dos outros.
É obstinado, insistente, teimoso.	Busque ouvir mais antes de tirar conclusões.
É autoritário, arrogante.	Em vez de impor suas ideias, discuta-as com seus pares e seja mais cuidadoso ao explicar os porquês de suas propostas.
É concentrador, (sente-se) infalível e inquestionável.	Procure o consenso entre os integrantes da equipe na tomada de decisão. Isso os ajudará a aderir à sua causa.
Sente-se absoluto, quase despótico.	Observe a hierarquia da empresa e evite atropelar a autoridade.
É expansivo, extrovertido, excessivamente confiante.	Seja mais cauteloso com o seu tom de voz e com a linguagem corporal para evitar passar um tom de agressividade.
É reservado, solitário, sente-se como um herói ou salvador.	Tente agir com mais empatia, abra espaço para a participação de seus colegas.

Capítulo 2 - Decifre e influencie pessoas | 55

O conceito na prática

IDENTIFIQUE EM SEU DIA A DIA PELO MENOS UMA OU DUAS SITUAÇÕES EM QUE VOCÊ SE PERCEBE COMO CONTROLADOR, EXCESSIVAMENTE CONFIANTE, TEIMOSO ETC.

QUAIS AÇÕES OU MEDIDAS VOCÊ PODERIA TOMAR PARA MELHORAR ESSES COMPORTAMENTOS?
(Tente identificar de modo objetivo os obstáculos que o impedem de se aprimorar – e as estratégias para superá-los.)

O QUE SERIA MELHOR (em sua vida, no trabalho ou na família) SE VOCÊ PUDESSE MUDAR OU MELHORAR ESSES COMPORTAMENTOS?

Medos comuns encontrados no fator Dominância

Um aspecto interessante no fator Dominância, e que muitas vezes nos ajuda a entender o que está por trás de um comportamento tão intenso e pouco flexível, são os medos que assombram, às vezes de maneira inconsciente, essas pessoas. Indivíduos com predominância do fator Dominante têm medo de:

- Falhar.
- Perder o poder e a autoridade.
- Perder a autonomia e a liberdade de agir.
- Submeter-se ou subordinar-se a alguém.
- Perder posição para outra pessoa (competitivos).
- Reconhecer os próprios erros.

Já quando a pessoa se torna refém desse tipo de medo, toda sua atuação fica comprometida. São sentimentos difíceis de dominar, pois envolvem questionamentos interiores para os quais nem sempre essas pessoas estão preparadas. No entanto, é fundamental desvendá-los, descobrir o que está por trás de comportamentos que destoam ou se excedem, prejudicando e impedindo que a pessoa desenvolva suas potencialidades e supere esses obstáculos.

Principais características e pontos fortes dos Dominantes

- Trazem dinamismo às relações interpessoais e têm facilidade para comandar pessoas, demonstrando autoconfiança e posicionamento firme. São propensos a mudanças e rápidas tomadas de decisões, por isso se expõem mais aos riscos, mas são sempre determinados e focados nos objetivos com máxima urgência para entrega dos resultados.

- Ousados e com ritmo acelerado, estão quase sempre em busca de grandes realizações. São exigentes e apontam possíveis falhas no que diz respeito à solução de problemas e desafios. Lidam bem com situações de pressão.

- São visionários, gostam de inovações e, quando otimistas, seu ritmo e energia podem motivar a equipe, podendo alcançar um equilíbrio entre qualidade e velocidade para chegar aos resultados e padrões exigidos externa e internamente.

Capítulo 2 - Decifre e influencie pessoas | 57

FATOR INFLUÊNCIA (I)

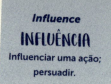

Influence
INFLUÊNCIA
Influenciar uma ação; persuadir.

> *Influência (I)* é o fator da comunicação e da sociabilidade. Indica como uma pessoa lida com as outras e como pode influenciá-las e persuadi-las. Indivíduos com alta intensidade do fator "I" são radiantes, otimistas, extrovertidos, sociáveis, calorosos e abertos com os outros. Não gostam de passar despercebidos, precisam do contato interpessoal, trabalham muito bem em equipe e contagiam as pessoas com seu entusiasmo, contribuindo para manter a positividade do ambiente.

São também criativos e ágeis em suas ações, adoram expressar ideias e raramente se permitem ficar entediados. Um Influente, por exemplo, valoriza o status, gosta de ser reconhecido e homenageado por amigos e familiares e de sentir que é importante. Interagir também é uma motivação do indivíduo com alta influência.

Características de essência do fator "I"

- Gostam de fazer parte de grupos e têm necessidade de desenvolver novos relacionamentos.

- Têm habilidades de comunicação e persuasão; sua rede de contatos (network) é fundamental para conseguirem o que querem – por isso eles a alimentam o quanto podem.

- São pessoas criativas e sempre estão em busca de maneiras diferentes de fazer as coisas.

- São otimistas, entusiastas e, em geral, têm muita facilidade para expressar suas emoções.

Como reconhecer um Influente?

De modo geral, pessoas definidas com o fator "I" têm grande capacidade de comunicação. Justamente por isso – e também por gostarem muito de usar essa habilidade –, tendem a ser bastante persuasivas, em um grau às vezes até exagerado. A palavra-chave desse perfil é "sociável". Decorre daí, naturalmente, a facilidade com que eles influenciam aqueles que os cercam. Assim, é relativamente fácil reconhecer pessoas com essas características, pois são bastante animadas, positivas – transbordam energia. Outro aspecto marcante é a capacidade de socialização desse perfil.

Eles buscam reconhecimento e, talvez até como uma estratégia inconsciente, valorizam muito a opinião alheia, e isso é algo bastante positivo em uma relação, pois, mesmo que haja divergências, propiciam ao grupo trocas, interação e espaço para que todos possam se colocar. Além disso, são facilmente reconhecíveis por seus modos e comportamento.

PERCEBA SE ALGUM AMIGO SEU ESTÁ PRÓXIMO DESSAS CARACTERÍSTICAS E ANOTE NAS LINHAS A SEGUIR QUAIS DELAS MAIS SE DESTACAM.

No quadro a seguir, observe como atuar frente a estes traços.

SE VOCÊ...	O QUE PODERIA MUDAR?
É dispersivo ou age de maneira imprevista.	Procure atentar mais aos detalhes.
É exibicionista, vaidoso ou se preocupa de maneira excessiva com sua imagem pessoal.	Tente se concentrar mais em resultados do que na sua popularidade.
É expansivo, não deixa os outros falarem.	Procure ouvir mais, tente falar menos, dê espaço para os outros também.

SE VOCÊ...	O QUE PODERIA MUDAR?
Não escuta os outros, se preocupa apenas com o que dirá.	Dê mais atenção ao que as outras pessoas estão dizendo. Ouça mais.
É impulsivo, imediatista.	Procure agir com mais reflexão, pensando inclusive nos próximos passos, quando tiver de tomar uma decisão.
É desordenado, vai misturando o que precisa ser feito, sem se preocupar muito com prioridades.	Planeje suas metas e liste suas ações para ter maior controle e poder, assim, realizar mais.
Decide no calor da hora, expressa-se de modo apaixonado.	Tente ter mais controle emocional de seus atos.
Atrapalha-se e confunde prazos e prioridades.	Seja mais cauteloso e organizado.
Quer agradar a todos, mesmo quando isso é impossível.	É preciso aprender a dizer "não".
Sempre tenta dar "um passo maior que a perna".	Assuma apenas os compromissos que poderá cumprir.
Nem sempre cumpre o que promete.	Dê mais atenção aos prazos e finalize o que se propõe a executar.
Perde muito tempo com distrações.	Foque mais na realização de seus objetivos.

O conceito na prática

IDENTIFIQUE EM SEU DIA A DIA PELO MENOS UMA OU DUAS SITUAÇÕES EM QUE VOCÊ SE PERCEBE COMO IMPULSIVO, DESORDENADO, QUERENDO DAR "UM PASSO MAIOR QUE A PERNA" ETC.

QUE AÇÕES OU MEDIDAS VOCÊ PODERIA TOMAR PARA MELHORAR ESSES COMPORTAMENTOS? (Tente identificar de modo objetivo os obstáculos que o impedem de se aprimorar – e as estratégias para superá-los.)

O QUE SERIA MELHOR (em sua vida, no trabalho ou na família) SE VOCÊ PUDESSE MUDAR OU MELHORAR ESSES COMPORTAMENTOS?

Medos

Como ocorre em todos os fatores, os medos e as dificuldades estão quase sempre por trás dos excessos. De modo geral, são fantasmas que nos assombram – sobretudo quando nos paralisam ou nos fazem agir de modo excessivo. Nem sempre é possível eliminá-los e, em um certo sentido, eles até têm um lado positivo quando nos impulsionam para a ação. Contudo, é fundamental identificá-los para que possamos controlá-los – e não sermos controlados por eles.

Medos comuns encontrados no fator Influência

- Ser rejeitado.
- Ficar sozinho.
- Frustrar as expectativas dos outros.
- Não ser reconhecido e valorizado (como gostaria).
- Não se sentir apoiado.
- Perder o prazer em suas ações e rotina.

Principais características e pontos fortes dos Influentes

- Costumam liderar de maneira mais descontraída, positiva e liberal. Não se prendem a regras e padrões estabelecidos.

- Buscam estabelecer conexões e desenvolver uma relação de influência positiva com os seus liderados. São mais voltados para pessoas do que para coisas e preferem alcançar seus objetivos por meio do diálogo e dos relacionamentos.

- Têm extrema facilidade para motivar suas equipes com otimismo, entusiasmo e dinamismo, o que tende a melhorar o ritmo e a aumentar a velocidade de seus liderados.

- São considerados agregadores. Este estilo é geralmente mais informal nos relacionamentos e deixam o ambiente mais positivo. Quase sempre extrovertidos, são ótimos argumentadores e apresentam facilidade para convencer e influenciar seus colaboradores. Intuitivos, em geral, são peritos em lidar com imprevistos e mudanças não planejadas e sempre consideram aspectos emocionais e sentimentais da equipe.

FATOR ESTABILIDADE (S)

> Estabilidade é o fator do equilíbrio, da empatia e da lealdade. Indica como uma pessoa lida com mudanças e estabelece seu próprio ritmo de vida. Pessoas que apresentam alta intensidade do fator "S" costumam ser boas ouvintes, atenciosas e demonstram interesse genuíno pelos sentimentos dos outros.

Os estáveis, como são chamados nesse fator, assim como os Influentes, têm bastante propensão para os relacionamentos interpessoais, porém com uma grande diferença em relação aos Influentes: para o indivíduo estável, é realmente importante o bem-estar do outro – mesmo que ela, a pessoa estável, fique em desvantagem ou em segundo plano.

Características de essência do fator "S"

- Valorizam o planejamento, com orientações claras e responsabilidades bem definidas.

- São calmos e tranquilos, gostam de ambientes harmônicos e têm capacidade para apaziguar conflitos.

- Serão resistentes às mudanças, caso não tenham clareza do propósito e das etapas envolvidas.

- Têm preferência por trabalhar em grupo e decidir coletivamente.

PERCEBA SE ALGUM AMIGO SEU ESTÁ PRÓXIMO DESSAS CARACTERÍSTICAS E ANOTE NAS LINHAS A SEGUIR QUAIS DELAS MAIS SE DESTACAM.

_____
_____
_____

No quadro a seguir, observe como atuar frente a estes traços.

SE VOCÊ...	O QUE PODERIA MUDAR?
Percebe ou identifica resistências.	Tente ser mais aberto a oportunidades.
É rígido e fechado.	Procure ter mais flexibilidade e aceitar as mudanças.
Está muito concentrado nas metas ou no objetivo final.	Dê mais atenção aos prazos e acompanhe o ritmo de realização exigido.
Evita conflitos.	Procure encarar os problemas e situações difíceis com energia e coragem.
Ressente-se com facilidade ao receber críticas.	Tente ser menos sensível e emotivo; reconheça seus erros e trabalhe para minimizá-los.
Está com trabalho acumulado.	Estabeleça prioridades, e com isso diga "não" quando necessário.
Percebe-se muito apegado a tradições.	Procure estar mais acessível a inovações.

SE VOCÊ...	O QUE PODERIA MUDAR?
Percebe que está privilegiando muito seus colegas – em seu próprio detrimento.	Aja no sentido de atender também a suas próprias necessidades e desejos.
É excessivamente cuidadoso ao falar de coisas simples.	Apresente-se de maneira mais direta, objetiva e assertiva.
Preocupa-se demais com o que pensam os outros, a ponto de ter receio de se expor.	Expresse mais os seus pensamentos e posições, sem medo da opinião de terceiros.
É lento e excessivamente ponderado.	Seja menos hesitante e mais decidido.
Mistura os seus problemas com os dos outros.	Não gaste tanto suas energias com questões que não lhe dizem respeito.

O conceito na prática

IDENTIFIQUE EM SEU DIA A DIA PELO MENOS UMA OU DUAS SITUAÇÕES EM QUE VOCÊ SE PERCEBE COMO RESISTENTE, COMO ALGUÉM QUE PENSA MUITO MAIS NOS OUTROS DO QUE DEVERIA, EM DETRIMENTO DE SI PRÓPRIO, OU MUITO CUIDADOSO, LENTO ETC.

QUAIS AÇÕES OU MEDIDAS VOCÊ PODERIA TOMAR PARA MELHORAR ESSES COMPORTAMENTOS?

(Tente identificar de modo objetivo os obstáculos que o impedem de se aprimorar – e as estratégias para superá-los.)

O QUE SERIA MELHOR (em sua vida, no trabalho ou na família) SE VOCÊ PUDESSE MUDAR OU MELHORAR ESSES COMPORTAMENTOS?

Medos comuns encontrados no fator Estabilidade

Como você já sabe, aqui também encontramos medos, aqueles obstáculos que muitas vezes paralisam nossas atitudes. No caso das pessoas identificadas com o fator Estabilidade, esse sentimento está muito ligado a aspectos que as ameaçam de alguma forma ou que possam retirar delas a estabilidade de sua condição, expondo-as a situações desconhecidas. De modo geral, destacamos como medos comuns nesse fator:

- Cenários imprevisíveis.
- Ter de ousar e arriscar.
- Decepcionar ou ser decepcionado.
- Perder o autocontrole.
- Participar e envolver-se demais.
- Ter de lidar com conflitos.

Principais características e pontos fortes dos Estáveis

- Por serem mais abertos a opiniões, costumam ser mais conciliadores. Frequentemente, tomam decisões de maneira compartilhada, já que não gostam de se expor a riscos. Dessa forma, aumentam as possibilidades de participação em sua liderança, o que contribui para que o grupo se sinta mais valorizado.

- Introspectivos. Têm facilidade em agir com mais paciência para orientar e acompanhar a execução das tarefas com equilíbrio. Raramente agem com impulsividade ou autoritarismo, não emitindo ordens imperativas.

- Apresentam facilidade para aconselhar com base em suas vivências, passando conhecimentos com paciência e dedicação. É desse modo que guiam a equipe para atingir os objetivos.

- Diante de possíveis adversidades, tendem a reagir com mais equilíbrio e persistência. Realizam planejamentos estruturados em orientações claras e constroem métodos que contribuem para o bom direcionamento da equipe, eliminando eventuais dúvidas e evitando erros processuais.

FATOR CONFORMIDADE (C)

Conscientiousness
CONFORMIDADE
Agir de acordo;
em conformidade.

Conformidade é o fator da estrutura, do detalhe e do fato (realidade). Indica como a pessoa lida com regras e procedimentos. Indivíduos com alta intensidade do fator "C" apresentam altos níveis de precisão e relutam bastante em revelar informações sobre si próprios. Quem tem o estilo Conforme como predominante em sua personalidade é considerado lógico, analítico e racional, alguém que pensa de maneira sistemática, com base em dados e fatos, e toma decisões de maneira bastante cautelosa e fundamentada.

Capítulo 2 – Decifre e influencie pessoas | **67**

Essas pessoas têm grande capacidade para realizar trabalhos minuciosos, para os quais estabelecem processos com regras claras e bem definidas. Sentem muito prazer ao executar tarefas com o máximo de perfeição possível, e têm preferência por trabalhar com pessoas disciplinadas.

Características essenciais do fator Conformidade

- Buscam seguir todas as regras e procedimentos para garantir a exatidão do que se propõem a fazer.

- Apresentam forte tendência ao perfeccionismo, podendo ser centralizadores com tarefas que deveriam ser compartilhadas.

- Gostam de ter o máximo de informações para analisar problemas, situações e definir estratégias.

- Têm padrões de exigência muito elevados, tanto para si como para seus colegas.

PERCEBA SE ALGUM AMIGO SEU ESTÁ PRÓXIMO DESSAS CARACTERÍSTICAS E ANOTE NAS LINHAS A SEGUIR QUAIS DELAS SE DESTACAM.

No quadro a seguir, observe como atuar frente a estes traços.

SE VOCÊ...	O QUE PODERIA MUDAR?
Faz exageradas cobranças.	Busque ser menos exigente consigo mesmo e com os outros.
Orienta-se apenas pelo que lhe é familiar.	Procure valorizar as diferenças.
Percebe que está pegando um pouco "pesado" demais com seus pares ou equipe.	Seja menos crítico e valorize mais as iniciativas.
Usa muito do seu tempo (e dos outros) buscando o máximo de perfeição, em detrimento da entrega.	Concentra-se mais (primeiramente) em fazer o que precisa ser feito – em vez de fazer tudo com extrema perfeição.
Vê-se como o principal responsável pelos trabalhos que sua equipe entrega.	Busque valorizar também as pessoas envolvidas no processo.
Tem dado exagerada atenção à realização das tarefas – independentemente do que pensam as pessoas.	Procure observar as necessidades e sentimentos dos outros.
Percebe-se como um autêntico *one man show* – disposto a fazer tudo sozinho.	Considere aceitar a ajuda de outras pessoas e delegar mais tarefas, em vez de centralizar tudo em si.
Percebe que a perfeição é mais um desejo (seu) do que uma necessidade da tarefa ou do trabalho.	Seja menos perfeccionista e mais realista.
Gasta muito do seu tempo com discursos e detalhes que pouco ou nada alterarão a essência das coisas.	Seja mais pragmático e menos exigente com questões sem grande importância.

Capítulo 2 - Decifre e influencie pessoas | 69

O conceito na prática

IDENTIFIQUE EM SEU DIA A DIA PELO MENOS UMA OU DUAS SITUAÇÕES EM QUE VOCÊ SE PERCEBE COMO MUITO PERFECCIONISTA, CENTRALIZADOR, DETALHISTA ETC.

QUE AÇÕES OU MEDIDAS VOCÊ PODERIA TOMAR PARA MELHORAR ESSES COMPORTAMENTOS?
(Tente identificar de modo objetivo os obstáculos que o impedem de se aprimorar –
e as estratégias para superá-los.)

O QUE SERIA MELHOR (EM SUA VIDA, NO TRABALHO OU NA FAMÍLIA) SE VOCÊ PUDESSE MUDAR OU MELHORAR ESSES COMPORTAMENTOS?

Medos comuns encontrados no fator Conformidade

Os receios de pessoas identificadas com o perfil de Conformidade se relacionam com os riscos e as possibilidades de que o trabalho ou o desempenho não saia exatamente do jeito que imaginaram. Daí decorre, ao longo dos processos, o medo de que não tenham todas as informações necessárias, ou de que, por alguma razão, precisem deixar de seguir as normas. Como já dissemos, os medos, em muitos momentos, são positivos, mas, quando nos impedem ou nos paralisam, é preciso compreendê-los para que possamos controlá-los.

- Cometer falhas ou não seguir as normas.
- Não ter pensado em todas as possibilidades.
- Receber críticas ao seu trabalho.
- Não ter informações suficientes.
- Não fazer a melhor escolha.

Principais características e pontos fortes dos indivíduos de perfil Conforme

- São formais, disciplinados e têm foco nas atividades relacionadas ao trabalho, por isso são extremamente exigentes e esperam que seus liderados tenham a mesma atitude.

- Preferem que os objetivos sejam alcançados por meio de trabalho árduo. Costumam se incomodar quando seus liderados perdem o foco em conversas ou exageram na informalidade.

- Apresentam-se com racionalidade, sendo mais cautelosos, e preferem tomar decisões com segurança depois de muita análise baseada em fatos concretos.

- Sempre cuidadosos e organizados, gostam de especificidade, evitando, assim, possíveis erros decorrentes da falta de preparo e controle. São preciosistas e preocupam-se em acertar com atenção na entrega de resultados com alta qualidade.

Após essa jornada de descoberta sobre como você e as pessoas ao seu redor pensam, agem e interagem, temos certeza de que entender os perfis comportamentais lhe abrirá novos horizontes de interpretação em relação aos seus familiares, amigos e colegas de classe. Logo você poderá aplicar de maneira prática em sua vida e reconhecer muitos dos traços que discutimos aqui em situações cotidianas.

No próximo capítulo continuaremos acompanhando essa fascinante descoberta da sua carreira, olhando para o seu presente e o seu futuro, entendendo quais as principais habilidades você precisa desenvolver para sair na frente e ficar constantemente atualizado no mercado de trabalho, e as *soft skills*, principais competências que são o "pote de ouro" do novo mercado de trabalho.

Quer saber qual seu estilo comportamental? Preparamos uma avaliação para você, ACESSE: https://cisassessment.com.br/degustacao/dstalento

Para acessar, basta colocar a câmera do seu smartphone sobre o QR code ao lado.

AUTORRES-PONSABILIDADE

> "Autorresponsabilidade é um estilo de vida, é uma chave tremenda de transformação humana."
>
> **Paulo Vieira**

A mitologia grega é uma das fontes mais ricas de inspiração para a nossa vida. Por seu intermédio, conhecemos as histórias dos deuses e mitos gregos, além de como funcionava a sociedade daquele período, sua divisão política, social e geográfica, e muito também sobre suas práticas, sua filosofia e modo de ver e pensar o mundo.

Os mitos gregos, ao falar sobre a origem do mundo, ou sobre o modo de vida de seus heróis, nos ensinam muito sobre como o ser humano se comporta quando precisa vencer desafios e superar obstáculos. Vale lembrar que 3.000 anos atrás não havia explicação científica para a maior parte dos fenômenos da natureza, e tampouco para os eventos históricos do período.

Aproveitando a imensa riqueza dessas narrativas, quero trazer aqui a história do jovem Teseu, um dos grandes heróis da cidade de Atenas, cujo nome significava "o homem forte por natureza".

Capítulo 3 - Autorresponsabilidade | 75

A HISTÓRIA DE TESEU

Até os 16 anos, Teseu não sabia quem era o seu pai — o que só lhe foi revelado quando ele conseguiu levantar uma pesada rocha, sob a qual fora escondida a espada de seu pai, o então rei de Atenas, Egeu. Quando encontrasse a espada, Egeu pediria à mãe do jovem que ordenasse a ele que fosse ao encontro do pai, em Atenas. E assim fez Teseu.

Nessa época, Atenas estava sob o jugo da ilha de Creta, cidade vizinha, governada pelo rei Minos, que vencera os atenienses em uma sangrenta batalha. Por conta dessa vitória, Minos havia imposto a Atenas um cruel tributo: todo ano a cidade teria de enviar a Creta sete rapazes e sete donzelas, que seriam colocados em um labirinto, onde seriam devorados pelo Minotauro — um monstro que era metade homem e metade touro (essa é uma outra história fascinante da mitologia!).

Depois de algum tempo na cidade, e já sabendo do cruel tributo, Teseu se alista de maneira voluntária para ser um dos jovens que seriam enviados ao labirinto. Por suas recentes façanhas, e por sua capacidade de enfrentar e vencer desafios, ele se sentia apto e disposto a enfrentar o monstro e, assim, libertar Atenas daquele terrível jugo. O pai concordou com a decisão do filho, e pediu a ele que enviasse um sinal se o desafio fosse superado.

Ao chegar à ilha, Teseu conheceu Ariadne, filha do rei Minos, que logo se apaixonou pelo herói. Por temer sua morte, ela entregou a ele um novelo cujos fios o ajudariam a não se perder no labirinto, e uma espada encantada para enfrentar o Minotauro.

Com determinação e sua força incomum, Teseu derrotou o monstro, escapou do labirinto, retornou a Atenas e logo se tornou rei da cidade. Seu nome virou uma lenda inspiradora para diversas gerações.

O que a história de Teseu nos ensina, além de sua coragem e determinação? Teseu tinha tanto conhecimento de sua força e capacidade, que se aventurava em desafios que poucos ousariam sequer pensar. A sua ida para Creta, sem dúvida, deve ter deixado muitos amigos sem palavras. Sensível ao sofrimento do povo, e sentindo-se capaz de resolver o problema, ele fez aquilo que ouvimos hoje de muitos locutores esportivos: chamou a responsabilidade para si.

Em vez de discutir o problema, de cobrar atitudes das autoridades ou mesmo insinuar que ninguém até então havia tido coragem para enfrentar o monstro, ele mesmo tomou para si essa tarefa, naturalmente ciente dos riscos, mas muito mais preocupado em evitar que novos sacrifícios e tragédias ocorressem entre aqueles jovens.

Ter uma postura como a de Teseu é o que chamamos de autorresponsabilidade – um estado de caráter ou um comportamento que nos permite assumir as consequências dos nossos atos. Trata-se de algo que transcende a palavra e se conclui na ação consciente.

NO ENTANTO, ATENÇÃO: não confunda autorresponsabilidade com valentia ou provocações fúteis e inconsequentes daqueles que, à custa da força, acham que podem intimidar qualquer um. Isso é outra coisa. Estamos falando de uma postura que se orienta para resolver problemas, conflitos, assumindo eventuais equívocos e dispondo-se a corrigir desvios de rota.

Vivemos um momento muito conturbado, em que misturamos culpa, responsabilidade, acusações e justificativas sem o menor critério. E, para coroar, culpamos os outros com a maior facilidade. Diante de qualquer erro ou falha, acusamos, julgamos e condenamos o outro – não importa suas alegações. É um sistema tão perverso, que muitas vezes nem nos damos conta desses nossos atos bárbaros – a palavra é essa mesma.

Se fracassamos ou nos decepcionamos, isso nunca acontece por nossa culpa ou responsabilidade. Cabe sempre aos outros esse ônus. E com que tranquilidade dizemos "não fui eu", ou "eu não sabia", "fulano me atrapalhou"! É tão simples, não é?

É claro que falamos aqui de modo geral, reconhecendo as exceções. O problema é que elas são poucas – justamente quando cada vez mais pessoas adotam esse tipo de comportamento.

Autorresposabilidade:
UM ESTADO DE CARTÁTER
ou um COMPORTAMENTO
que nos permite
assumir as consequências
dos nossos atos.

Veja este exemplo:

A pessoa tem uma aula que começa às 8h00 da manhã. A distância de sua casa até a escola é pouco mais de 3 quilômetros, um percurso que, de carro, é feito em 15 minutos, em uma velocidade de 50 quilômetros por hora. Bem, se a pessoa mora em uma grande capital brasileira, ela sabe (ou deveria saber) que essas contas não funcionarão – não dá para seguir à risca essa estimativa. Contudo, o que a pessoa faz? Sai de casa às 7h40. Obviamente, pegará um trânsito bastante engarrafado, porque é por volta desse horário que a maioria dos automóveis está nas ruas.

Portanto, um percurso que seria feito em 15 minutos pode levar de 40 minutos a 1 hora. É claro que a pessoa chegará atrasada e também se irritará ao longo do caminho com todo aquele engarrafamento, com buzinas, com lentidão, com xingamentos e indisposições gerais.

Afinal, é isso o que acontece quando há mais carros na rua do que tempo para se chegar aonde é preciso. Só que a pessoa não se dá conta disso. Ela não considera que saiu tarde de casa, por exemplo, e age como se tudo aquilo, aquele trânsito pesado, fosse um castigo, uma praga que alguém jogou em sua vida. É meio irracional, mas é assim que as pessoas agem quando estão atrasadas, quando discutem no trânsito e quando não se dão conta de que elas, e mais ninguém, são as únicas responsáveis por chegarem atrasadas a seus compromissos.

Então, perguntamos: de quem é a culpa? Isso vira um festival. Começa-se a culpar o prefeito (que tem sua parcela de culpa); depois chega-se ao vizinho; passa-se para o farol que leva uma eternidade para abrir; briga-se com o motorista do ônibus, que não parou no ponto; reclama-se do pedestre, que quase é atropelado por não correr o suficiente para escapar da fúria dos motoristas; repreende-se os pedintes, que ficam nos cruzamentos e atrasam o fluxo; frangueja-se contra os carros que enguiçam no caminho, contra a cidade e até contra Deus, em última instância.

Como dissemos, são pensamentos irracionais (sem base lógica), gerando comportamentos ou atitudes sem um pingo de bom senso. É claro que a pessoa apaga tudo o que diz respeito a ela, suas eventuais falhas, distrações e, digamos, sua total falta de comprometimento com a sua própria agenda!

O que fazer? Se há a chance de você perceber que algo está errado, e que nem sempre o outro é o culpado pelas suas falhas, talvez seja a hora de começar a repensar os seus atos. Nessa situação que narramos, a do atraso, tente se fazer estas perguntas:

- Esse é o primeiro dia que acontece engarrafamento em sua região ou cidade?

- Sabendo que com trânsito pesado seria preciso ter saído mais cedo de casa, será que não passou pela sua cabeça que você se atrasaria?

- Já pensou em consultar os horários e os itinerários dos transportes coletivos e tentar se programar para viagens mais adequadas às suas necessidades de horário?

- Acredita mesmo que foi o trânsito que atrapalhou a sua vida? – ou será que você é que não considerou essa possibilidade?

É claro que se começamos a pensar em episódios como esses, concluiremos que a parcela de nossa responsabilidade é bem maior do que aquela que atribuímos aos outros. O trânsito, a lentidão das pessoas e o atraso do ônibus são problemas e aspectos que atrapalham o nosso dia a dia. Isso não é nossa culpa, mas chegar atrasado é uma responsabilidade que não dá para pormos no colo do motorista do ônibus.

Se estamos partindo para a vida adulta, precisamos crescer nos aspectos práticos da vida também!

É possível ampliar esse espectro e começar a olhar a sua vida, suas relações, o empenho que você dedica às coisas que quer conquistar, e, da mesma forma, começar a avaliar até onde você se sente responsável pelo que vem obtendo até aqui. Se suas notas são boas ou ruins, não tenha dúvidas: elas são compatíveis com o seu comportamento. A questão, portanto, é assumir a parte que lhe cabe nesses resultados.

Você tem acompanhado a sua vida e a vida da sua família de maneira autorresponsável? Ou tem apenas buscado culpados para os problemas que tem de encarar?

Pessoas que justificam suas derrotas atribuindo-as aos outros não percebem que, no entanto, são as únicas que perdem com esse tipo de atitude. É nesse contexto que surge a ideia da autorresponsabilidade: você é o único responsável pelo seu sucesso. Esse comportamento afeta a construção não só de uma carreira bem-sucedida, mas de uma vida bem-sucedida.

AS SEIS LEIS DA AUTORRESPONSABILIDADE

Estar próximo do tão aguardado vestibular, seja qual for a área escolhida, é um momento de pressão intensa. No entanto, não se engane, esse é apenas um começo de sua vida bem-sucedida. Temos muita coisa para aprender, muito conteúdo para estudar, em dias que parecem tão curtos quanto uma noite de verão. Se pensa em disputar as vagas mais concorridas, a pressão será ainda maior, e as provas também serão mais difíceis. Quanto maior a concorrência, menores são as chances de sucesso.

Isso acirra a disputa e põe em xeque o seu desejo de sucesso. Se você está concentrado na disputa, há possibilidade de êxito. Entretanto, é preciso ter estratégia e determinação, compreendendo **O QUE VOCÊ PODE FAZER PARA AMENIZAR AS DIFICULDADES E ATINGIR OS RESULTADOS QUE ESTÁ BUSCANDO.**

Fatores externos que o impedem de avançar nos seus objetivos sempre existirão. Ademais, eles influenciam o presente, o momento atual, da sua vida, mas não determinam como toda a sua vida será. Pensando nisso, algumas mudanças precisam ser feitas agora para que você colha bons frutos no futuro. Essa é a hora. **SE NÃO ASSUMIR A AUTORRESPONSABILIDADE PELAS SUAS AÇÕES, PERDERÁ OPORTUNIDADES INCRÍVEIS DE ALCANÇAR SUAS METAS E OBJETIVOS.**

Pense na história de Teseu que abriu este capítulo. Todos os jovens atenienses estavam sendo selecionados para serem enviados para a morte. Esse é o sentido profundo da história. No seu íntimo, ninguém queria lutar contra um monstro incompreensível. Acredite: a bravura é para poucos. Mais fácil seria ficar esperando que outra pessoa tomasse a decisão de lutar e superar o problema. Teseu, porém, não pensava assim. Sua autorresponsabilidade com a família, com seu pai e com sua terra natal não deixavam que ele ficasse parado esperando algum milagre.

O voluntarismo de Teseu para lutar o forçou a se preparar mais e elaborar, com Ariadne, um plano para enganar o monstro: marcar o caminho percorrido com a linha do novelo, criando, assim, uma referência para o seu retorno ou para não se perder. Foi essa atitude simples, mas difícil para todos os outros que combateram o monstro, que permitiu sua vitória e o seu retorno como nos conta a lenda. A autorresponsabilidade salvou Teseu.

Espero que tenha ficado claro o quanto é necessária a sua conscientização em ser autorresponsável pelo seu futuro e por tudo aquilo que acontece na sua vida. Só assim poderá ser capaz de se dedicar a seus objetivos.

MURAL DA VIDA EXTRAORDINÁRIA

Caso queira alcançar grandes objetivos, recomendamos que faça também um Mural da Vida Extraordinária. Esse é outro exercício poderoso que o conduzirá a mudanças importantes, proporcionando uma profunda consciência de si mesmo e do meio em que vive. Completá-lo também o ajudará a romper seus limites e amarras. Como resultado, você começará a tomar decisões voltadas para seus objetivos de vida. Cole fotos, desenhos e textos da vida extraordinária que anseia ter no futuro. Veja filmes e leia livros que possam dar um panorama mais profundo e intenso de como gostaria de viver sua vida profissional, em que ambientes, com que tipo de recursos e, principalmente, com que pessoas. Faça intercâmbios, visite feiras, bienais, conheça novas culturas, confira tudo o que poderá contribuir para que tenha uma vida extraordinária no futuro.

5 DICAS DE AUTORRESPONSABILIDADE

1. APRENDA COM OS ERROS E AJA COMO UM **VENCEDOR**.
2. TRABALHE DURO, COM **RACIONALIDADE E INTELIGÊNCIA**.
3. **PLANEJE** METAS E OBJETIVOS ESPECÍFICOS.
4. AJA SEMPRE COM **HUMILDADE**.
5. SEJA UMA PESSOA **CONSTRUTIVA**.

1 APRENDA COM OS ERROS E AJA COMO UM VENCEDOR

Compreenda que **NÃO HÁ DESCULPA PARA O FRACASSO.** Quando não conseguir algo, olhe primeiro para si e não saia culpando Deus e o mundo. A responsabilidade pelos resultados que obtém é única e sua. Passar no vestibular depende apenas de você. Essas são as condições com as quais deve trabalhar daqui para frente. Supere-as. Em vez de tentar justificar seus erros, aprenda com eles.

O que você pode fazer, a partir de agora, para resolver esses problemas?

Assuma o comando de sua vida: seu sucesso é sua responsabilidade. Por isso, pare de se fazer de vítima e comece a se fazer de vencedor: viva, aja e fale como um vencedor. Como um futuro universitário, a caminho de construir uma esplêndida carreira.

Mapeamento das distrações

Chegou o momento de tomar nota sobre quais situações cotidianas o estão desviando daquilo que deveria estar sendo feito. Nessa ferramenta, escreva todas as vezes que algo lhe distrair e impedir a conclusão de alguma tarefa, o que deveria fazer, o que fez e quanto tempo perdeu fazendo o que não deveria ser feito.

Tenha certeza de que quando essa atitude se tornar um hábito será possível sanar mais rápido suas distrações e concluir tudo aquilo que planejou realizar. Mãos à obra!

O QUE EU DEVERIA FAZER

O QUE EU FIZ

QUANTO TEMPO PERDI

2 TRABALHE DURO, COM RACIONALIDADE E INTELIGÊNCIA

Dê um passo de cada vez. Não se chega longe de um dia para o outro. O sucesso vem com o tempo. Vem com o esforço de estudar no colégio, chegar em casa cansado e, mesmo assim, estudar um pouco mais, tentando sempre aprimorar os seus conhecimentos. Você terá tempo disponível para descansar quando seu objetivo tiver sido alcançado. Faça cursos, leia artigos, atualize-se. Faça do planejamento de atividades um hábito. E siga à risca todo o seu próprio itinerário. Se fizer isso, ninguém poderá detê-lo.

Ou seja, sendo um estudante que participa das aulas, dos cursos oferecidos, troca ideias com os professores, agrega conhecimento aos colegas, saiba esperar com paciência. O sucesso é apenas questão de tempo. O mesmo vale para todas as outras áreas da sua vida.

3 PLANEJE METAS E OBJETIVOS ESPECÍFICOS

Transforme seus sonhos em muito mais do que simples desejos: torne-os objetivos, com metas específicas, quantificadas e planejadas. Pense no que tem feito para alcançar as metas a que está se impondo. Tão importante quanto definir um curso e uma carreira é se preparar para realizar esses objetivos. Como está a sua dedicação às atividades de casa, fazendo as redações recomendadas e estudando os conteúdos específicos de cada área? Tem entrado em contato com profissionais da área em que pretende atuar para trocar experiências? Tudo isso é importante para começar a conhecer esse novo cenário em que atuará no futuro.

É essencial que planeje esse futuro sem contar com a sorte. Seja como Teseu: não tenha medo do próximo desafio.

4 AJA SEMPRE COM HUMILDADE

A humildade é uma das maiores virtudes do homem. Ela é fundamental para a construção de uma vida de sucesso. Não tenha medo de reconhecer quando estiver errado. Não tenha vergonha de pedir ajuda aos seus pais, aos seus colegas ou ao seu professor. Se sentir necessidade, não hesite. Isso não é sinal de fraqueza, mas de força de caráter e capacidade de se adequar.

São atitudes como essas que mostram quem você é e como está no controle da sua vida. Nunca tenha medo de ser uma pessoa melhor.

5 SEJA UMA PESSOA CONSTRUTIVA

Todos nós temos aquele colega de classe ou parente que adora encontrar problema em tudo. Para eles, a vida nunca é boa o suficiente. Os conteúdos de estudo são sempre complicados, os simulados, as provas e os testes aos finais de semana são sempre exagerados – quando não, até inúteis, chegam a insinuar! Esse tipo de pessoa nunca está contente com nada; carregam uma aura de pessimismo e negatividade, que contamina a todos os que estão ao seu redor.

Costumam dizer "não sei por que preciso estudar isso"; ou "quantos simulados ainda seremos obrigados a fazer para entender esse assunto?", ou ainda "não vou passar nessa prova nunca! Não consigo!" etc. Isso é o que chamamos de autossabotagem. São críticas que não se limitam à própria pessoa que as faz; chegam a atingir os outros, que, muitas vezes, se sentem depreciados e desestimulados. Quem faz essas críticas são pessoas com uma completa falta de autorresponsabilidade.

Atenção: se você for uma dessas pessoas, cuidado! Esse é um dos comportamentos tóxicos mais nocivos que alguém pode ter. Por isso, pare de apenas criticar os outros. Se for para falar, dê uma sugestão, traga ideias de mudança. Acredite no seu potencial. Faça a diferença!

DICA DE FILME:
HOMEM-ARANHA: COM GRANDES PODERES, VÊM GRANDES RESPONSABILIDADES

Você já conhece a história do surgimento do "Homem-Aranha" – o que inclui a morte do Tio Ben, a picada da aranha radioativa e o balançar das teias nos arranha-céus de Nova York.

Então podemos pular essa parte e passar a abordar uma importante lição que este super-herói nos oferece, desde a década de 1960: com grandes poderes, vêm grandes responsabilidades. Não podemos nos esquecer disso! Quanto mais alto queremos chegar, mais atenção precisamos ter com as responsabilidades que isso acarreta. A autorresponsabilidade para lidar com essas provações, seja na vida de um super-herói, seja em nossa vida real, é a chave para uma vida de realizações e conquistas.

Peter Parker não esperou outros super-heróis aparecerem para descobrir o culpado pela morte do seu tio. Ele seguiu em busca das soluções e atingiu outro patamar para se tornar o Homem-Aranha que todos conhecemos. Que tal levar esse pensamento para frente? Agora, pare a leitura deste livro e assista ao filme. Divirta-se!

ANOTE AQUI AS COISAS MAIS IMPORTANTES QUE VOCÊ APRENDEU COM O FILME.

_____
_____
_____
_____
_____

Para mais exercícios e conteúdos em áudio e vídeo exclusivos da nossa plataforma de orientação de carreira, **ACESSE:** teens.goowit.com

Para acessar, basta colocar a câmera do seu smartphone sobre o QR code ao lado.

88 | Decifre seu talento

FOCO – DISCIPLINA E DECISÃO

Vamos começar este capítulo com uma indagação fundamental: qual o seu nível de concentração neste momento em que está lendo este livro? De zero a dez, que nota daria?

CONSIDERE ESSES ASPECTOS ANTES DE RESPONDER:

AMBIENTE — O lugar que se encontra é silencioso ou ruidoso?

INTERFERÊNCIAS — Há pessoas conversando em volta? Aparelhos de som ou TV estão ligados? Você chegou a pedir que não o incomodassem nas próximas horas?

CELULAR — Seu telefone está ligado? Você é sensível a notificações e chamadas? Se alguém chamar, você atenderá?

SUA MENTE   Está tranquilo? Sente-se relaxado, disposto a mergulhar neste capítulo ou você está com preocupações, alguma ansiedade que o deixa instável?

SUAS METAS   Tem clareza do que está buscando com a leitura deste livro? Sabe quais são as suas expectativas? O que espera encontrar aqui?

PRAZO   Quanto tempo do seu dia é separado para se dedicar à leitura deste capítulo? Pensa em fazer o mesmo todos os outros dias?

RECURSOS   Você dispõe de todos os insumos necessários para o melhor aproveitamento possível desta leitura? (Bloco para anotações, lápis ou caneta, sente-se confortável etc.)

AVALIADOS ESSES ASPECTOS, QUE NOTA ENTÃO DARIA PARA O SEU NÍVEL DE CONCENTRAÇÃO NO MOMENTO EM QUE LÊ ESTE LIVRO?

POUCO CONCENTRADO   1   2   3   4   5   6   7   8   9   10   MUITO CONCENTRADO

Acreditamos que depois de considerar as variáveis exibidas, você fará tudo o que estiver ao seu alcance para ter a melhor experiência possível com este capítulo – no sentido de aproveitá-lo ao máximo para os seus interesses. E acrescentamos: é bem provável que se beneficie muito mais ainda se conseguir aplicar a ferramenta de foco em todas as coisas que são importantes em sua vida – em particular, quando estiver escolhendo uma carreira, em sintonia com o seu real talento.

Foco é uma habilidade essencial para atingir suas metas. Se tem foco no que faz, o seu nível de eficiência cresce de maneira espantosa. Serve tanto para pequenas coisas como para grandes empreendimentos e jornadas.

Foco

É UMA HABILIDADE ESSENCIAL para atingir suas metas. Se tem foco no que faz, o seu nível de eficiência CRESCE DE MANEIRA espantosa.

Muitos acham, no entanto, que ter foco resume-se a encontrar as melhores condições para se fazer algo, em um ambiente perfeito, no momento mais adequado, contando com as melhores condições possíveis. Isso é importante sem dúvida, mas não é tudo, especialmente quando isso não está disponível. Foco tem a ver, na verdade, com uma disposição interior, uma inclinação pessoal que inicia sua busca dos melhores caminhos e rotas possíveis para atingir os seus objetivos.

É importante ressaltar isso porque nem sempre as condições ideais são possíveis. Por exemplo, se a única oportunidade de ler este capítulo aparecesse apenas quando estivesse em um ônibus voltando do trabalho ou indo para a escola, o que faria? Se as condições não são as melhores, pensa em desistir? Acreditamos que não. Você pode se concentrar e ler como se nada em sua volta estivesse acontecendo. Isso não só é possível, como é o que recomendamos quando as condições não são as ideais ou esperadas.

É claro que não podemos dizer que isso seja fácil, mas é possível, e você conseguirá se treinar mentalmente para isso. Ter foco e concentrar-se são, antes de tudo, exercícios de atenção, no sentido de fazê-lo se voltar para aquilo que você deseja adquirir. Serve tanto para pequenas coisas – as corriqueiras, que fazemos no dia a dia – como para os grandes projetos.

Veja este exemplo da "Odisseia", o grande poema atribuído a Homero, que trata do retorno de Ulisses (ou Odisseu) à Ítaca, sua terra natal.

★★★

> Depois de dez anos lutando na guerra de Tróia (também contada por Homero em "Ilíada"), o astuto Ulisses começa sua longa jornada de volta para casa, a ilha de Ítaca, no mar Jônico, onde estavam sua esposa Penélope e o seu filho Telêmaco. Ele levou dez anos para concluir o seu retorno, passando pelos mais difíceis infortúnios e provas que os deuses puseram em seu caminho.

Ulisses só conseguiu retornar porque tinha enorme determinação e foco – ele sabia onde estava e aonde queria chegar; tanto que todas as aventuras narradas têm por finalidade fazer o herói superar os desafios para então alcançar suas metas. E as desventuras no caminho não foram poucas, e muito menos fáceis.

Logo no início da jornada, a frota de Ulisses, em uma grande tempestade, se perde no mar, com todos os navios naufragados, e seus respectivos guerreiros, a maioria, afogados ou desaparecidos. Mesmo assim, Ulisses não desiste. Ele exorta os poucos companheiros que lhe restam a manter o foco e a seguir com ele. Ele acaba sendo acolhido por Calipso, uma ninfa sedutora e caprichosa, que se apaixona por Ulisses e o quer perto de si. Durante todo o período em que fica na ilha – em uma espécie de cativeiro –, Ulisses é bem tratado e seduzido de todas as formas, mas resiste a ceder seu amor a ela.

Em um certo momento, a ninfa chega a oferecer a imortalidade a Ulisses, caso ele concordasse em passar o resto de sua vida com ela. O herói, entretanto, não aceita a proposta e se mantém firme, com foco em sua decisão de voltar. Ele tem saudades da pátria, da esposa (Penélope) e do filho (Telêmaco).

Passados 7 anos, o grande Zeus, compadecido da sina do herói, ordena a Calipso que liberte o seu hóspede e sua pequena tripulação. Mesmo contra a sua vontade, a ninfa obedece ao deus e ajuda Ulisses a construir uma nova embarcação, dando-lhe provisões e assegurando-lhe as condições mais favoráveis para o caminho de volta ao lar. Ulisses, mantendo o foco, sabe o que quer e aonde quer chegar. E mesmo depois de 7 anos, seu projeto e suas metas estão intactos.

Em um outro episódio, o herói chega à terra dos ciclopes, pastores de ovelha gigantes, que têm um só olho na cara. Ulisses e seus companheiros são feitos prisioneiros, mas com astúcia o herói consegue escapar, ferindo o ciclope (Polifemo) que queria devorá-lo.

Capítulo 4 - Foco - disciplina e decisão | 95

Mais para frente, depois de enfrentar uma nova grande tempestade, eles chegam à ilha da feiticeira Circe, que transforma metade dos homens de Ulisses em porcos, após alimentá-los com vinho e queijo. O herói também seria transformado em um animal, não fosse um antídoto que o faz resistir à magia de Circe. Ulisses consegue se safar, mas precisa ir até Hades, o mundo dos mortos, para receber instruções do sábio Tirésias com o objetivo de encontrar o melhor caminho de retorno à casa.

Superando todas as dificuldades, mas com o foco dirigido ao único objetivo que tinha, ele e seus companheiros passaram pelas sereias – no famoso episódio é amarrado ao mastro de seu navio para não ser encantado pelo maravilhoso canto daquelas estranhas criaturas –, chegando então à ilha do Sol, onde perde mais alguns de seus companheiros.

Ao fim da jornada, ainda restava uma parada até sua tão sonhada Ítaca: a ilha dos Feácios. Depois de enfrentar tantas provações e manter o foco aonde queria chegar, ele não teve dificuldades em contar com a ajuda dos moradores daquele local, que passaram a ajudá-lo em sua missão.

✶✶✶

 O foco, por fim, o fez triunfar.

Percebeu em quantos momentos a palavra foco foi mencionada no texto anterior?

Ela esteve presente em toda a jornada de Ulisses e, mesmo em uma narrativa lendária, foi fundamental para ajudar o herói a atingir o seu destino. Especialistas dizem que essa narrativa tem em sua base feitos reais, em uma época em que os homens, não só para defender os seus territórios, mas para conquistar outros, tinham de se valer de inúmeros estratagemas para realizar suas façanhas.

Era um período em que os recursos eram escassos e raramente se tinha uma segunda chance quando algo dava errado. Na maior parte das vezes, a vida estava sempre em jogo! Ter foco era condição essencial para a realização desses e de outros feitos. Todos os grandes impérios da humanidade, à época de sua hegemonia, tinham clareza e propósitos bem definidos e mantinham-se à custa de uma intransigente obsessão para alcançar os seus grandes objetivos (conquista de territórios e imposição de sua lei e cultura).

A partir do momento em que esses objetivos perdiam importância, esses impérios ruíam, fragmentavam-se, dando lugar para que uma nova ordem, então com um novo foco (de interesses e metas) se impusesse.

Isso acontece tanto nos grandes cenários da história como nas pequenas coisas em nossa vida cotidiana. Se é necessário fazer algo importante, alcançar um objetivo que fará diferença em sua vida, então você precisa ter foco se quiser ter sucesso. Na verdade, sua vida atinge um potencial incrível quando você põe foco nas coisas mais importantes.

Para nós, foco "é aproveitar a energia disponível e concentrá-la em um ponto e, assim, produzir energia suficiente para que haja mudanças e realizações rápidas". Tornar-se um importante digital influencer, um excelente programador de sistemas, ou um habilidoso escritor é algo que está disponível para todos nós, a partir da capacidade de focar na concretização desses objetivos. Considerando-se nossas inclinações, disposições e desejos.

> "A única coisa que nos separa dos nossos objetivos é a nossa capacidade de agir."
> Paulo Vieira

Se você parar para pensar em suas próprias conquistas feitas até aqui, perceberá que não as alcançou em razão das distrações e dispersões, que diluem o foco e diminuem a perspectiva sobre o que é importante. É justamente o contrário. Quando os ruídos, as distrações e as inúmeras interrupções às quais todos estamos sujeitos são eliminados, o que sobra é aquilo que se quer alcançar.

Assim, é preciso saber em quê e onde manter-se focado. Se você anseia estudar em uma boa universidade pública ou privada, você deve colocar todo o seu foco nessa direção, e toda a sua força deve ser empreendida e concentrada nesse sentido. Para descobrir onde devemos estar focados, com a nossa energia no nível máximo, precisamos antes basear nossas mudanças em duas questões primordiais: a primeira diz respeito aos nossos problemas e às nossas limitações; a segunda está relacionada aos nossos sonhos e às nossas metas.

Reflita sobre os problemas que vem enfrentando hoje e que estão tirando o foco do que mais importa. Ao alcançar essa descoberta, você saberá onde ou em que focar para alcançar e realizar seus potenciais.

METAS
FOCO
Concentração máxima, determinação, perseverança.

RUÍDOS
EVITAR
Análise do ambiente, isolar todas as interferências, tentar se imunizar contra as dispersões.

PLANOS
ESTRATÉGIA
Análise dos melhores e possíveis caminhos que poderão lhe ajudar a conquistar seus objetivos.

MAPEIE SUAS METAS COM O FOCO ATIVADO

1

Seu objetivo é claro? – Sabe aonde quer chegar?

ESCREVA SUAS PRINCIPAIS METAS.

2

Pense e concentre-se no seu objetivo atual – o seu foco deve estar nas coisas que importam – e não nas que você pode delegar ou que já passaram. Abrir mão das tarefas que não são importantes para os seus objetivos é tão necessário quanto saber quais tarefas precisa fazer.

ESCREVA O QUE PODE DESCARTAR (E QUE O ATRAPALHA NO PROCESSO).

3

Você sabe dizer "não"? É hora de aprender a fazer isso. Não quer dizer que tenha que ser mal-educado, mas apenas que deve orientar suas ações para as coisas que está buscando.

PARA QUAIS COISAS/PESSOAS DEVE DIZER NÃO?

_____

_____

_____

_____

_____

_____

4

Estabeleça prioridades em relação às suas metas. É preciso ter claro o que é mais importante, o que atrapalha e o que o ajuda a obter o que você está querendo.

Meta A: _____

Prioridades para alcançar essa meta: _____

_____

Meta B: _____

Prioridades para alcançar essa meta: _____

_____

Meta C: _____

Prioridades para alcançar essa meta: _____

_____

5. Mentalize suas metas, imagine como será o processo, exercite-se mentalmente no sentido de visualizar a conquista ou a realização do que está buscando.

Atingir a **meta A**

permitirá conquistar

Atingir a **meta B**

permitirá conquistar

Atingir a **meta C**

permitirá conquistar

6. Faça uma análise de prazos e organize-se em relação a eles. Quanto tempo precisa se dedicar (por dia, semana ou mês) para atingir os resultados que está buscando? Recomendação: fracione sua meta em etapas.

Atingir a meta A

Etapa 1 defina o tempo e o objetivo desta etapa

Etapa 2 defina o tempo e o objetivo desta etapa

Etapa 3 defina o tempo e o objetivo desta etapa

★ **Faça o mesmo com as demais metas.**

7 Pense no processo e prepare-se para ele. Isso inclui pesquisas, estudos, observação e contato com eventuais problemas. É necessário estar preparado na hora em que eles surgirem.

Meta A: ....
Recursos: ....
Dificuldades: ....
Preparação: ....

★ **Faça o mesmo com as demais metas.**

8 Estabeleça rotinas. Elas tonificam o seu foco. Tudo o que puder incorporar com naturalidade no seu dia a dia o ajudará muito mais, e com menos esforço.

Meta A: ....
Rotinas: ....

Contudo, lembre-se de:

9 Uma coisa de cada vez. Não é necessário fazer tudo ao mesmo tempo (veja a dica 4) – prioridade aqui é chave. Vá aos poucos, faça sempre bem-feito, até chegar aonde quer.

10 Mantenha o entusiasmo em alta. Comemore as primeiras vitórias, as primeiras etapas vencidas. Celebrar é tão importante quanto vencer.

11. Tente criar um ambiente favorável. Tudo o que puder se somar ao seu esforço de conquistar suas metas deve ser sempre bem-vindo.

Após completar o quadro com foco total em seus objetivos e metas, chegou a hora de perceber quais ganhos você tem com as distrações e quais perdas acompanham a realização de suas atividades.

Para mais exercícios e conteúdos em áudio e vídeo exclusivos da nossa plataforma de orientação de carreira, ACESSE: teens.goowit.com

Para acessar, basta colocar a câmera do seu smartphone sobre o QR code ao lado.

ÁRVORE GENEALÓGICA DAS PROFISSÕES

Faça uma pesquisa em sua família e monte sua *Árvore genealógica das profissões*. A figura da árvore é um exemplo; você poderá criar outras ramificações, expandindo os ramos tanto na vertical como na horizontal. Com a grade montada, obtenha informações a respeito das escolhas profissionais e das carreiras de seus pais, irmãos, tios, avós e bisavós. Será que existe alguma competência comum, do ponto de vista profissional, em sua família?

Com a árvore montada e as profissões identificadas, responda às seguintes perguntas a respeito dos seus pais:

QUAIS PROFISSÕES ELES ESCOLHERAM?

OBSERVA ALGUM PADRÃO NAS ESCOLHAS DE SEUS PAIS/TIOS/IRMÃOS/AVÓS?

O QUE ORIENTOU A ESCOLHA DELES?

ELES SEGUIRAM AS PROFISSÕES QUE GOSTARIAM?

CASO NÃO, O QUE ELES PREFERIRIAM TER FEITO?

HOJE ELES ESTÃO REALIZADOS PROFISSIONALMENTE?

CASO NÃO, O QUE ELES ESPERAVAM DE SI MESMOS EM SUAS RESPECTIVAS PROFISSÕES?

O QUE ELES ESPERAM DE VOCÊ?

DICA DE FILME: X-MEN: FOCO EM EQUIPE

Um filme que descreve bem a importância e o uso do foco é *X-Men*, que conta a saga de super-heróis humanos que passaram por mutações genéticas, os quais são chamados de *mutantes*.

A equipe formada pelo professor Charles Xavier é composta pelos mutantes Jean Grey (poderes telecinéticos), Tempestade (poder de controlar o clima), Ciclope (pode soltar rajadas óticas de pura energia destrutiva), Fera (superinteligência e incrível agilidade), Vampira (capacidade de adaptar o poder daqueles que a tocam) e Wolverine (dotado de garras de um metal, além de ser capaz de regeneração instantânea).

O grande trunfo da equipe é a união de todos os poderes em prol de um objetivo comum, que geralmente é derrotar o ex-aliado, e eterno inimigo do professor Charles Xavier, o também mutante Magneto (capaz de controlar metais). Durante uma missão, todos precisam estar focados no sucesso, já que se trata de uma luta do bem contra o mal, e toda a força é necessária para vencer.

ANOTE AQUI AS COISAS MAIS IMPORTANTES QUE VOCÊ APRENDEU COM O FILME.

CONHEÇA AS SUAS MÚLTIPLAS INTELIGÊNCIAS

A tirinha abaixo exemplifica de maneira didática conceitos da teoria das Inteligências Múltiplas. Como poderiam animais diferentes ter a mesma capacidade para subir na árvore? Da mesma forma, como poderiam seres humanos, com suas diferentes personalidades, ter o mesmo tipo de inteligência?

A percepção dos diferentes tipos de conhecimento e habilidades humanas trouxe algumas hipóteses à reflexão do PhD e professor de Harvard Howard Gardner. Em 1983, ele publicou o livro Estruturas da mente: a teoria das inteligências múltiplas (já citado na introdução deste livro), em que defendia a tese de que todos os indivíduos têm sete tipos de inteligências, em maior ou menor grau, e que todas podem ser desenvolvidas e aprimoradas.

Anos depois, Gardner incluiu mais uma inteligência à lista, totalizando então oito inteligências, como dissemos na introdução. Assim foram classificadas: inteligência lógico-matemática; linguística; musical; corporal-cinestésica; espacial; interpessoal; intrapessoal; e naturalista.

O estudo de Gardner modificou a forma como pensamos os processos de inteligência e o que significa ser inteligente. Antes, consideravam-se inteligentes apenas pessoas que se destacavam em determinadas áreas. O maior problema dessa avaliação, a despeito dos critérios técnicos adotados para mensurar o nível intelectual de cada um, é que diferentes indivíduos, com distintas características intelectuais, eram avaliados sob um mesmo critério – como ilustrado na tirinha que abre este capítulo. Ou seja, apenas uns poucos se destacavam e eram reconhecidos como inteligentes. O restante (vale dizer, a maioria), que não se adaptava ao sistema – mas que achava que aquele era o único critério válido para que se mensurasse o seu potencial de intelecto –, vivia frustrado, ou se conformava com seus alegados baixos níveis de inteligência.

Como diz o ditado: "Todo mundo é gênio, mas se um peixe for julgado por sua capacidade de subir em uma árvore, ele viverá toda a sua vida acreditando que é um estúpido".

Nessa conta de mensurar e definir critérios, está presente uma série de variáveis que determinará o tipo de inteligência que mais se destaca em uma pessoa. Aliás, esta é uma parte fundamental da teoria de Gardner: todos temos as oito modalidades de inteligência disponíveis em nosso ser. O que nos diferencia é o destaque ou o desenvolvimento de uma ou até de mais de uma, em detrimento das outras. Para que isso

110 | Decifre seu talento

ocorra, além de eventuais inclinações, serão determinantes o ambiente, os estímulos recebidos, a educação, a família, os exemplos e uma série enorme de outros detalhes e características que poderão influir no desenvolvimento de uma pessoa.

Se, por exemplo, desde a infância manifestamos algum interesse por áreas como desenho ou música, mas não encontramos incentivo nem estímulo no nosso ambiente familiar ou escolar, as probabilidades de desenvolvermos essas inclinações são pequenas. Talvez tenhamos sorte e encontremos em algum estímulo externo a oportunidade para que retomemos o gosto e o desenvolvimento por essas disciplinas no futuro. No entanto, isso nem sempre acontece, e, muitas vezes, somos obrigados, pelas circunstâncias, a escolher profissões ou carreiras em razão das possibilidades financeiras, dando pouca importância às nossas inclinações ou talentos.

> **IMPORTANTE:** você será sempre um profissional melhor se fizer não apenas o que sabe, mas sobretudo o que gosta de fazer. A chave para o sucesso é encontrar o ponto de equilíbrio entre o que você gosta e o que você sabe. Por isso, é fundamental se autoavaliar e conhecer as diferentes opções de carreira em razão do desenvolvimento de suas inteligências.

Ao compreender isso, você se habilita a conectar as múltiplas inteligências definidas por Howard Gardner às diferentes profissões que poderá escolher. A seguir, discutimos as inteligências trabalhadas por Howard Gardner e apresentamos exemplos práticos para identificá-las.

Quer saber qual seu tipo de inteligência preferencial?
Preparamos um teste para você,
ACESSE: teens.goowit.com

Para acessar, basta colocar a câmera do seu smartphone sobre o QR code ao lado.

Capítulo 5 - Conheça as suas múltiplas inteligências | **111**

AS INTELIGÊNCIAS MÚLTIPLAS
DE HOWARD GARDNER
INTELIGÊNCIA LÓGICO-MATEMÁTICA

Refere-se à capacidade de raciocínio lógico para analisar e resolver problemas, realizar cálculos matemáticos e investigar questões de maneira científica, tudo de maneira rápida e eficiente. Os matemáticos são os grandes exemplos de indivíduos inteligentes, pois ao contrário das inteligências linguística e musical, que estão disponíveis para um "público maior", a inteligência lógico-matemática predomina em indivíduos que se sentem à vontade em estudar situações e imagens abstratas, a partir das quais são capazes de desenvolver projeções e princípios, cujas ideias e trabalhos a maioria de nós consegue apenas "admirar de longe".

No entanto, o talento de um indivíduo com esse tipo de inteligência lógico--matemática desenvolvida vai muito além do ato de calcular rápido uma equação. Essa é apenas uma "vantagem acidental". Suas habilidades abrangem o entendimento e o domínio do abstrato, a observação e a correlação entre ações, além da capacidade diferenciada de manipular símbolos que correspondem a objetos, relações, funções ou outras operações, sempre com base na lógica.

A ciência é outra área do conhecimento que está relacionada à inteligência lógico--matemática, já que todas as "invenções matemáticas" são úteis para o mundo científico. Como exemplo, Gardner cita que a Química e a Física, ciências responsáveis por explicar a evolução dos sistemas físicos, dependem do cálculo matemático para determinar e explicar o funcionamento do universo. Ou seja, os cientistas utilizam a Matemática como ferramenta, enquanto os matemáticos exploram os sistemas abstratos por seu próprio valor, determinados a encontrar soluções para responder a essa questão.

VEJA MAIS DE 250 OPÇÕES DE CARREIRAS DE ACORDO COM CADA TIPO DE INTELIGÊNCIA EM NOSSO GUIA ON-LINE. ACESSE: carreiras.goowit.com

Principais características

- Pensamento abstrato.
- Utilização do método científico para encontrar respostas.
- Observação e relação entre ações.
- Capacidade de manipulação de símbolos, que correspondem a objetos, relações, funções ou outras operações, sempre com base na lógica.

APLICAÇÃO PRÁTICA

Você conhece alguns colegas de classe que resolvem cálculos complicados, ou que logo se antecipam para responder questões de Matemática, Física ou Química. Esses indivíduos se sentem confortáveis em estudar e aplicar em situações práticas a fórmula de Bhaskara, o teorema de Pitágoras, e em fazer cálculos da força, de aceleração, de gravidade etc. Todos esses exercícios exigem grande abstração e um rigor enorme na hora de calcular de maneira correta e lógica esses problemas.

 Você se enxerga em uma situação dessas?
Qual a sua sensação em relação a essas experiências?

Consulte nosso guia de carreiras e saiba quais são as profissões que necessitam desta inteligência para ter uma melhor performance, ACESSE: carreiras.goowit.com

Para acessar, basta colocar a câmera do seu smartphone sobre o QR code ao lado.

INTELIGÊNCIA LINGUÍSTICA

A inteligência linguística está relacionada ao domínio das palavras e das linguagens escrita e falada. É a habilidade de comunicar e expressar ideias e que permite também aprender idiomas com facilidade.

Howard Gardner considera a inteligência linguística a mais ampla e a mais "democraticamente compartilhada" na espécie humana. A Linguística já se faz presente logo nos primeiros meses de vida de uma criança, quando ela começa a balbuciar os seus primeiros sons. Mesmo pessoas com severos quadros de surdez conseguem emitir sons que remetem à sua língua materna. Com o passar do tempo, essa atividade se desenvolveu rápida e naturalmente, de tal forma que as crianças se tornam capazes de elaborar as primeiras frases mais completas, depois mais complexas, aproximando-se, assim, da sintaxe adulta já a partir dos 5 anos.

O amor pela linguagem e a facilidade técnica com as palavras, que vai além do desejo de expressar ideias, são as principais características de pessoas com inteligência linguística desenvolvida. No entanto, Gardner destaca outros quatro aspectos do conhecimento linguístico inerentes a pessoas que não são "poetas praticantes" – como ele diz –, mas que usam a linguagem com excelência.

RETÓRICA: capacidade de utilizar a linguagem para convencer outras pessoas. É um aspecto comum em líderes políticos e especialistas em direito.

MNEMÔNICA: relacionada à memória, é a habilidade técnica de memorizar informações como listas, fatos e regras de jogos, por exemplo.

EXPLICAÇÃO: por meio da linguagem, esta aptidão contribui para a difusão de conceitos e, consequentemente, é um princípio fundamental para expor com eficiência um novo desenvolvimento científico.

POTENCIAL DE LINGUAGEM: capacidade de usar a linguagem para refletir sobre a linguagem (técnica também conhecida como "análise metalinguística"); relaciona-se a um estudo mais profundo que busca compreender o funcionamento e o papel que a linguagem desempenha nas atividades humanas.

Vale lembrar aqui que a prática é a principal forma de aprimorar inteligência linguística. Ainda considerando o exemplo dos poetas, e podemos mencionar também o dos jornalistas e dos apresentadores de televisão, a leitura contínua é um dos hábitos que contribuem de maneira decisiva para o desenvolvimento e o sucesso dessas profissões. A prática diária da escrita, a análise crítica do discurso, entre outras técnicas, e exercícios de expressão, são eficazes a qualquer pessoa que deseja desenvolver sua inteligência linguística.

Principais características
- Disposição e ordenação das palavras, bem como suas combinações.
- Os usos que podem ser dados à linguagem considerando o contexto.
- Capacidade de utilizar a linguagem para convencer outras pessoas.
- Capacidade de usar a linguagem para refletir sobre a linguagem (análise metalinguística).

O CONCEITO NA PRÁTICA

O orador espontâneo da turma, aquele que sempre toma a dianteira nas apresentações dos trabalhos em grupo, quase sempre tem a inteligência linguística já bem desenvolvida. Suas falas costumam ser organizadas, em uma sequência lógica e coerente, e revelam grande potencial de que esse orador ainda improvisado venha a ser no futuro um advogado bem-sucedido ou um jornalista que informará com credibilidade sua audiência.

Você se enxerga em uma situação dessas?

Qual a sua sensação em relação a essas experiências?

Consulte nosso guia de carreiras e saiba quais são as profissões que necessitam desta inteligência para ter uma melhor performance, ACESSE: carreiras.goowit.com

Para acessar, basta colocar a câmera do seu smartphone sobre o QR code ao lado.

Capítulo 5 - Conheça as suas múltiplas inteligências | **115**

INTELIGÊNCIA ESPACIAL

É a capacidade de pensar em três dimensões para compreender o mundo físico (visual) com precisão. É uma habilidade que permite interpretar, criar e modificar imagens e experiências por intermédio da mente. Segundo Gardner, a inteligência espacial se baseia na capacidade de perceber formas e objetos e destaca-se em pessoas com habilidades para navegação e mapas.

Jovens com este tipo de inteligência mais desenvolvida são capazes de reconhecer vários exemplos de um mesmo elemento, transformar ou distinguir a transformação de um objeto em outro. São capazes ainda de produzir formas mentais e transformá-las, além de produzir informações espaciais. Tendem também a pensar em imagens e fotografias, visualizando-as ou desenhando-as.

Esse tipo de inteligência está ligado ao mundo concreto, ao mundo dos objetos e à sua localização no espaço. De modo geral, ainda há poucas informações sobre o seu desenvolvimento, talvez por ser mais difícil testar essas habilidades espaciais, diferentemente do que acontece com as inteligências linguística e lógico-matemática.

Principais características

- Capacidade de reconhecer, transformar ou distinguir a transformação de um objeto em outro.
- Criação e transformação de maneiras mentais.
- Produção gráfica de informações espaciais.
- Tendência a pensar em imagens e fotografias, visualizá-las ou desenhá-las.

O CONCEITO NA PRÁTICA

Será que algum de seus colegas tem facilidade em fazer desenhos em paredes? Grafiteiros, pessoas que conseguem pôr no papel uma complexa ideia abstrata, ou que apresentem uma predileção por arrumar e dispor móveis em ambientes, e admiram profissionais que projetam edifícios e grandes obras públicas – todos eles podem ter desenvolvidas sua inteligência espacial.

Você se enxerga em uma situação dessas?

Qual a sua sensação em relação a essas experiências?

Consulte nosso guia de carreiras e saiba quais são as profissões que necessitam desta inteligência para ter uma melhor performance, ACESSE: carreiras.goowit.com

Para acessar, basta colocar a câmera do seu smartphone sobre o QR code ao lado.

INTELIGÊNCIA CORPORAL-CINESTÉSICA

A grande contribuição dessa inteligência está no potencial de utilização do corpo, realização de movimentos com equilíbrio e agilidade. Gardner explica que "a característica dessa inteligência é a capacidade de usar o próprio corpo de maneiras diferenciadas e hábeis para propósitos expressivos", além de facilitar o manuseio de objetos com destreza.

Nadadores, artesãos, jogadores de futebol e instrumentistas, de acordo com Gardner, têm essa inteligência em maior grau, pois conseguem realizar movimentos refinados com seus corpos. Grandes jogadores de futebol, como Pelé, Lionel Messi, Cristiano Ronaldo e Neymar, conseguem realizar movimentos rápidos em espaços curtos, sempre levando perigo para a defesa adversária. Esta, aliás, é a característica do futebol brasileiro.

Atletas, em geral, e atores, como os de teatro, também são indivíduos com esta inteligência, pois utilizam o corpo com destreza no desempenho de suas tarefas. Essa é a inteligência ideal para os praticantes de esportes em qualquer superfície.

A inteligência corporal-cinestésica permite também a expressão de ideias e sentimentos ao produzir um grande desenvolvimento na capacidade de utilizar as mãos, ou outras partes do corpo, para transformar elementos. O corpo torna-se a principal parte ativa de pessoas com essa inteligência desenvolvida, o que promove o impulso necessário para levá-las da intenção para a ação.

Na Grécia antiga, por exemplo, a inteligência corporal-cinestésica já era venerada por meio das atividades atléticas e artísticas, em que os gregos buscavam "desenvolver um corpo que fosse proporcional e gracioso em movimento, equilíbrio e tonicidade". Ou seja, buscava-se uma harmonia entre corpo e mente.

Principais características
- Desenvolver um corpo que fosse perfeitamente proporcionado e gracioso em movimento, equilíbrio e tonicidade.
- Expressão de ideias e sentimentos
- Domínio dos movimentos motores com agilidade.

O CONCEITO NA PRÁTICA

A utilização do corpo em movimentos precisos demonstra a habilidade de seu ator em manipular objetos com refinamento. Quando estamos jogando uma partida de futebol, nadando, ou até praticando corrida com os amigos, nosso corpo precisa estar afiado em seus movimentos, para que não tropecemos, possamos nos desvencilhar dos marcadores em busca do gol, ou, ainda, conseguir maior propulsão embaixo d'água.

Você se enxerga em uma situação dessas?
Qual a sua sensação em relação a essas experiências?

Consulte nosso guia de carreiras e saiba quais são as profissões que necessitam desta inteligência para ter uma melhor performance, ACESSE: carreiras.goowit.com

Para acessar, basta colocar a câmera do seu smartphone sobre o QR code ao lado.

INTELIGÊNCIA INTERPESSOAL

É A HABILIDADE DE INTERAGIR E SE RELACIONAR DE MANEIRA POSITIVA COM OUTRAS PESSOAS. Segundo Gardner, a inteligência interpessoal "está baseada em uma capacidade nuclear" de perceber intenções, temperamento, sentimentos, motivações e desejos dos outros. A competência básica fundamental deste tipo de inteligência é o talento para compreender os outros.

Jovens com inteligência interpessoal desenvolvida relacionam-se, interagem e trabalham bem com outras pessoas, demonstrando muita facilidade em motivá-las para que não desistam de seus propósitos e objetivos. Tiram mais proveito quando estudam em grupo, podendo aí trocar ideias com outros colegas, dando e recebendo apoio. Não apreciam trabalhar sozinhas, interagem de maneira eficaz, mobilizando competências variadas, particularmente no âmbito da comunicação verbal e não verbal. Sabem gerenciar conflitos, gostam de conviver e fazem amigos.

São exemplos poderosos dessa inteligência líderes políticos e religiosos, como Mahatma Gandhi e Martin Luther King, ambos tinham afinidade indiscutível com o próximo, entendiam seus anseios, emoções e necessidades.

Principais características
- Desenvolvimento de relacionamento e interação fáceis.
- Habilidade para motivação pessoal e dos outros.
- Capacidade de gerenciar conflitos.

O CONCEITO NA PRÁTICA

Em sala de aula, o ser interpessoal é aquele que conversa com todos, até com o professor sobre os assuntos mais variados. Na hora de estudar, preferem os trabalhos em equipe e são os primeiros a serem escolhidos pela facilidade de comunicação e motivação de todos.

Você se enxerga em uma situação dessas?

Qual a sua sensação em relação a essas experiências?

Consulte nosso guia de carreiras e saiba quais são as profissões que necessitam desta inteligência para ter uma melhor performance, ACESSE: carreiras.goowit.com

Para acessar, basta colocar a câmera do seu smartphone sobre o QR code ao lado.

INTELIGÊNCIA INTRAPESSOAL

Capacidade de compreender a si mesmo. É o entendimento das próprias crenças, potencialidades e limitações. Controle dos vícios emocionais, identificando comportamentos inconscientes.

Para Howard Gardner, a característica principal deste tipo de inteligência é a facilidade, de quem a tem, em compreender e identificar suas próprias emoções e em lidar com elas de maneira adequada às várias situações e aos seus objetivos pessoais. Estudantes caracterizados por esse tipo de inteligência responsabilizam-se pela sua própria aprendizagem, autorregulando o seu estudo. Gostam de estudar sozinhos, pois isso implica a necessidade de refletir e de avaliar seu nível de desempenho.

Pessoas com essa inteligência mais desenvolvida conhecem os seus pontos fracos e os fortes, o que lhes permite definir objetivos e desafios adequados, sem alimentar expectativas irreais em seus processos de busca. Eles tendem a ver o sucesso como o resultado do seu esforço, do seu trabalho consciente e planificado, e da sua persistência.

Como exemplo, Gardner diz que escritores romancistas são ótimos arquétipos de indivíduos com essa inteligência, pois em suas obras eles são capazes de definir e explicar os sentimentos mais profundos de cada personagem, o que, na maioria das vezes, se reflete em sua própria vida.

Principais características
- Facilidade de compreender e identificar as suas próprias emoções.
- Capacidade de lidar com as emoções de maneira adequada.
- Necessidade de reflexão e autoavaliação de suas atitudes.

O CONCEITO NA PRÁTICA

Essa é a inteligência daqueles que pensam duas e até mais vezes sobre o próximo passo. Em sala de aula, o aluno que tem essa inteligência em maior grau costuma realizar fichamentos, escrever resumos, buscando, assim, o próprio insumo do estudo que faz. Suas atitudes são sempre planejadas, o que inclui anotações das tarefas que precisam fazer.

Você se enxerga em uma situação dessas?

Qual a sua sensação em relação a essas experiências?

Consulte nosso guia de carreiras e saiba quais são as profissões que necessitam desta inteligência para ter uma melhor performance, ACESSE: carreiras.goowit.com

Para acessar, basta colocar a câmera do seu smartphone sobre o QR code ao lado.

Capítulo 5 - Conheça as suas múltiplas inteligências | **121**

INTELIGÊNCIA MUSICAL

Essa inteligência é, segundo Gardner, o talento que surge mais cedo e tem relação com outros tipos de inteligência. É reconhecida pela facilidade de distinguir tons, notas musicais e padrões rítmicos, além da facilidade para composições musicais e habilidade para tocar instrumentos.

Compositores, instrumentistas, cantores e maestros são indivíduos musicalmente inteligentes, pois têm como principal habilidade escutar, sentir e entender uma música, o que, por sua vez, relaciona-se com a criação musical. No entanto, Gardner explica que a organização rítmica "pode existir de qualquer realização auditiva", por meio de um grupo de dança, por exemplo. Desse modo, é possível dizer que alguns aspectos da experiência musical estão acessíveis a pessoas que não podem apreciar seus aspectos auditivos.

Segundo Gardner, o padrão de crescimento de um jovem músico pode ser postulado da seguinte maneira:

- Até os 8 anos, ele utiliza seu ouvido sensível e habilidade natural para aprender, mas não depende de muito esforço.
- A partir dos 9 anos, ele passa a praticar com mais seriedade.
- Chegando na adolescência, ele precisa ter certeza de que quer se dedicar à música e "expressar para os outros o que é mais importante em sua própria existência".

Principais características
- Reconhecimento de ritmos e padrões musicais.
- Habilidade em interpretação de composições.
- Capacidade de abstração musical durante composições.
- Associação de situações com melodias.

O CONCEITO NA PRÁTICA

Apesar de ser independente de objetos físicos, e já se mostrar presente na nossa vida desde a infância de maneira natural, a inteligência musical está presente em toda sala de aula, especialmente naquele colega que traz um violão para a classe, ou do compositor da turma, que nunca deixa a equipe na mão na hora da gincana escolar.

Você se enxerga em uma situação dessas?

Qual a sua sensação em relação a essas experiências?

Consulte nosso guia de carreiras e saiba quais são as profissões que necessitam desta inteligência para ter uma melhor performance, ACESSE: carreiras.goowit.com

Para acessar, basta colocar a câmera do seu smartphone sobre o QR code ao lado.

INTELIGÊNCIA NATURALISTA

É a sensibilidade para reconhecer fenômenos e elementos da natureza, valorizar o conhecimento sobre toda a variedade da fauna, flora, meio-ambiente e seus componentes. Gardner descreve a pessoa com esta inteligência como um indivíduo "apto para reconhecer a flora e a fauna, fazendo distinções relativas ao mundo natural, com capacidade de usar essa habilidade na agricultura ou nas ciências biológicas". A habilidade de apreciar a vida ao ar livre ou de se sentir confortável junto à natureza são aspectos importantes desta inclinação, mas características como a capacidade para discernir, identificar e classificar plantas e animais também integram a inteligência naturalista, embora demandem estudos mais específicos.

Esse conhecimento mais profundo pode ser adquirido por meio da vivência cotidiana, como acontece com pessoas que moram em zonas rurais e retiram sua

Capítulo 5 - Conheça as suas múltiplas inteligências | 123

sobrevivência da natureza, ou com o estudo acadêmico em áreas como biologia, agronomia e botânica, por exemplo.

Principais características
- Aptidão para reconhecer flora e fauna.
- Habilidade de fazer distinções relativas ao mundo natural e biológico.
- Capacidade para discernir, identificar e classificar plantas e animais.

O CONCEITO NA PRÁTICA

A inteligência naturalista é fundamental na observação da evolução das paisagens nas diferentes estações do ano, seja para identificar possíveis riscos de extinção de determinado tipo de animal, seja para identificar fatores de risco da contaminação ambiental, inclusive para manifestar nas empresas a importância da ecologia sustentável e promover decisões éticas no cuidado do meio ambiente.

Você se enxerga em uma situação dessas?
Qual a sua sensação em relação a essas experiências?

Consulte nosso guia de carreiras e saiba quais são as profissões que necessitam desta inteligência para ter uma melhor performance, ACESSE: carreiras.goowit.com

Para acessar, basta colocar a câmera do seu smartphone sobre o QR code ao lado.

PESQUISA DAS PROFISSÕES

Conhecer o ambiente profissional em que você quer estar é um dos primeiros passos para a construção de sua visão positiva de futuro. Aonde quer estar daqui a alguns anos será o combustível necessário de suas ações no presente para que as possibilidades de sucesso sejam inúmeras.

IMPORTANTE: entre todas as profissões disponíveis no guia on-line de carreiras – *carreiras.goowit.com* – apresentado anteriormente, selecione ao menos três possibilidades que mais lhe interessam para responder o questionário a seguir para cada uma das profissões.

PROFISSÃO/OCUPAÇÃO:

1. ONDE TRABALHA A PESSOA QUE EXERCE ESSA PROFISSÃO?

2. COM O QUE ESSA PESSOA TRABALHA (INSTRUMENTOS/MATERIAIS DE TRABALHO)?

3. QUAIS ATIVIDADES QUE ESSA PESSOA EXERCE (COMO ELA FAZ)?

4. QUAL A ROTINA DE TRABALHO DESSA PESSOA?

5. O QUE SE GANHA EXERCENDO ESSA ATIVIDADE?

ESTRATÉGIA

Na cultura ocidental, o número 13 se associa a incontáveis lendas e histórias de mau agouro. Seu antecessor, o número 12, não tem tantas histórias para contar, mas não fica atrás quando o assunto é lembrança. Doze é o número de missões que o semideus Hércules, filho de Zeus com uma humana mortal, deveria cumprir para ascender ao Olimpo. Hércules foi perseguido por Hera, esposa de Zeus, desde o seu nascimento, por ser fruto de uma infidelidade de Zeus.

As provações começaram ainda antes dos 12 trabalhos. Hera enviou duas serpentes para matar Hércules quando ele ainda estava no berço, porém a criança, como seria de se esperar de um semideus, conseguiu estrangular ambas. Hera não desistiu e seguiu provocando Hércules, até que, já adulto, conseguiu produzir um ataque de fúria em Hércules, quase o enlouquecendo, fazendo com que ele matasse sua primeira esposa e seus filhos, pois acreditava, naquele momento, que eram seus inimigos.

Arrependido, o herói procurou um Oráculo, o qual lhe disse que deveria servir a Euristeu por 12 anos e ordenou-lhe que cumprisse 12 tarefas, tidas como de realização impossível, a título penitência pelas mortes da esposa e dos filhos. Estes feitos ficaram conhecidos como *Os 12 Trabalhos de Hércules*. São eles:

1. Matar o leão de Nemeia.
2. Matar a hidra de Lerna.
3. Capturar o javali de Erimanto.
4. Capturar a corsa de Cerineia.
5. Expulsar as aves do lago Estínfale.
6. Limpar os estábulos do Rei Áugias.
7. Capturar o touro de Creta.
8. Capturar as éguas de Diomedes.
9. Obter o cinto de Hipólita.
10. Capturar os bois de Gerião.
11. Obter as maçãs de ouro do jardim das Hespérides.
12. Capturar Cérbero, o cão guardião do Hades.

Os próximos 12 anos da vida de Hércules estavam comprometidos, pois ele assumira como compromissos a realização de todos esses trabalhos. Contudo, como Hércules conseguiu completar todas essas tarefas e com tamanho sucesso? O desejo de chegar ao Olimpo era grande, sem dúvida, mas será que isso era suficiente? Afinal, os trabalhos não eram dos mais fáceis, mesmo para um herói de força tão descomunal como ele. Talvez Hércules pudesse realizar um ou dois desses trabalhos, mas cumprir os 12 seria bem complicado!

A RESPOSTA ESTÁ NISTO: PLANEJAMENTO.
E DE MANEIRA MAIS ESPECÍFICA: PLANEJANDO O SEU SUCESSO.

Os grandes campeões não ficam aguardando as coisas acontecerem; eles não vão para as batalhas sem um plano exequível traçado para o combate. Eles avaliam a situação, mensuram sua força, seus recursos, e montam uma estratégia para atingir suas metas. Foi o que fez Hércules ao agir de maneira extraordinária. Sua história serve de exemplo até hoje para aqueles que também desejam que seus planos sejam cumpridos com excelência.

A resposta está nisto: **planejamento**. E de MANEIRA MAIS ESPECÍFICA: PLANEJANDO o seu **sucesso**.

EMPREGO OU TRABALHO?

Até pouco mais de 20 ou 30 anos, emprego e trabalho eram vistos como sinônimos. Afinal, em um mercado com poucas alternativas de contrato remunerado, e sem muita inovação, a única modalidade disponível (ou pelo menos a mais comum) era a do emprego. A pessoa era contratada por uma empresa, de acordo com as normas trabalhistas em vigência, fazia o que lhe era estabelecido e ganhava não pelo que fazia, mas pelo tempo que ficava disponível (8 horas/dia, em geral) na empresa. Os salários eram estabelecidos por faixas de função, como ainda ocorre hoje, mas em menor escala.

Como você sabe, isso vem mudando faz algum tempo.

Ainda existe emprego, no formato convencional, mas eles são cada vez mais escassos. Em contrapartida, há cada vez mais trabalho, e nem sempre eles estão atrelados aos empregos formais.

Tem alguma preferência?

Bem, talvez precise primeiro entender esses conceitos para pensar no tipo de carreira que está buscando. Vamos lá!

Emprego é o ofício formal, definido por uma empresa, que dá ao trabalhador uma certa remuneração (ou salário) em um determinado período. Essa remuneração é fixa e mensal, na maioria das vezes. O emprego, dentro de um processo de produção, é pensado com a finalidade de preencher um espaço de tempo com a força de trabalho da pessoa que será contratada.

Uma vez contratada, quer queira ou não, a pessoa estará obrigada a fazer as tarefas propostas, nas condições de tempo e remuneração estabelecidas. Contudo, veja que curioso: o que conta aqui, do ponto de vista econômico, é a disposição da pessoa – ou o tempo que ela ficará disponível para fazer suas tarefas.

É claro que os patrões cobrarão produtividade, mas veja isto: se por alguma razão o funcionário não tiver o que fazer, ele receberá do mesmo jeito. Afinal, o que conta não é o que ele faz, mas a sua presença, 8 horas por dia, 5 ou 6 dias por semana, na empresa. Quer chova, quer faça sol.

Por mais criticável que seja essa modalidade, ela vem imperando há bastante tempo. Era um sistema válido no mercado e toda a cadeia produtiva do mundo ocidental estava baseada nesse conceito de emprego.

Satisfação pessoal, sonhos e realizações eram secundários nesse sistema.

Hoje, isso mudou. Se o emprego está com os dias contados, o trabalho está em alta. Contudo, qual é a diferença?

Por trabalho, entende-se a disposição para tarefas e projetos, com duração determinada, e interesse pessoal da pessoa contratada. O que conta, nessa modalidade, não é o prazo (embora seja importante), mas a conclusão do projeto e a entrega dos resultados buscados – que são negociados entre contratantes e contratados.

Para ter uma ideia da amplitude dessa modalidade, pense o seguinte: na época em que o emprego imperava, o indivíduo tinha apenas uma ou duas remunerações. Na modalidade de trabalho, ele tem projetos, clientes, demandas que precisam ser atendidas em diferentes tempos, áreas e necessidades.

Se pensar nessa questão, seus horizontes se ampliam.

O trabalho é algo construído a partir de um ideal de crescimento pessoal. Pode ganhar dinheiro com o seu trabalho, mas isso nunca será a razão propulsora dessa modalidade em sua vida. Se está conectado com sua missão e propósito, não trabalhará por dinheiro, mas por prazer e vontade própria; o dinheiro é apenas o justo resultado da aplicação do seu talento.

TIPOS DE PLANOS DE CARREIRA

Agora que já entendemos a diferença entre ter um trabalho e ter um emprego, continuamos nossa jornada profissional apresentando os dois principais tipos de plano de carreira:

Plano de carreira em **Y.**

Plano de carreira em **W.**

E por que é importante entender esses dois tipos de plano de carreira? Com esse conhecimento, você descobrirá qual posição melhor se adapta aos seus interesses, e, a partir daí, trabalhe estratégias e metas assertivas e compatíveis para alcançá-la.

Em um primeiro momento, esse conhecimento pode não estar tão conectado com seu pensamento, já que o vestibular está próximo, mas tenha certeza de que adquirir esse conhecimento potencializará suas descobertas e estudos.

PLANO DE CARREIRA Y

Nos sistemas mais antigos e tradicionais de carreira, os profissionais cresciam de acordo com o cargo que ocupavam. Então, primeiro começava como assistente e, se nada de extraordinário acontecesse, continuava progredindo na carreira até a diretoria. A grande fragilidade desses planos mais antigos é que algumas pessoas acabam não se adaptando às posições de liderança e toda a caminhada pode ser perdida. Foi dessa fragilidade que surgiu a necessidade do plano de carreira Y, como se pode ver na imagem abaixo.

Inspirado pelo próprio desenho da letra Y, o plano sugere que:

- A partir de uma determinada posição ou cargo, o profissional encontra uma bifurcação.

- Neste momento, ele deve escolher se segue uma carreira de especialista ou de gestor.

Em muitas carreiras, a possibilidade de ser um especialista é mais comum, como na engenharia, na tecnologia, na indústria de alimentos ou na farmacêutica. Desse profissional, espera-se um papel de decisão na organização, trazendo inovações que possam levar a empresa a uma posição de vantagem frente à concorrência.

Resumindo, o plano de carreira Y tende a ser mais utilizado por conta das carreiras de gestão e por permitir que especialistas tenham diferentes espaços dentro da organização.

PLANO DE CARREIRA W

Já o plano de carreira em W sugere um terceiro caminho, juntando os dois anteriores (que privilegiavam especialistas e gestores). Em vez de seguir como um especialista ou gestor, esse profissional também pode se tornar um gestor específico para projetos. Você tem interesse em organizar as atividades e liderar uma equipe? Então esse é o plano de carreira ideal.

Esse modelo (W) não é muito usado, pois funciona bem apenas em setores bastante específicos, especialmente naqueles ligados ao ramo da tecnologia. Se deseja trabalhar como cientista da computação, programador ou analista da informação, escolha esse plano. Por exemplo, um programador de software sênior pode fazer a gestão de outros desenvolvedores, tornar-se especialista ou gerir projetos de desenvolvimento de novas tecnologias dentro da empresa.

Resumimos esses planos no quadro a seguir:

Encontra caminhos alternativos para desenvolvimento da profissão, ainda atuando em sua área.

Não é considerado um líder tradicional, que se responsabiliza pelo desenvolvimento dos demais membros da equipe.

Tem interesse em chegar a um cargo de liderança ou de gerir equipes de alta performance.

Acompanha de maneira pontual o desenvolvimento e o crescimento dessas pessoas no âmbito de um projeto específico, fornecendo feedbacks mais técnicos e atuando de maneira consultiva.

11 PASSOS PARA ELABORAR UM PLANO DE CARREIRA

Após conhecer os dois tipos de plano de carreira, qual decisão você deve tomar agora? Escreva nas linhas a seguir:

....

....

....

Neste momento, gostaríamos de apresentar 11 passos para elaborar um plano de carreira de sucesso. Tenha certeza de que o esforço que investirá no exercício do plano levará você para metas mais precisas.

Outra coisa que gostaríamos de lembrar é que esse plano não está mirando apenas para o seu próximo ano na universidade. Na verdade, nosso objetivo é levá-lo do seu estado atual ao seu estado desejado nos próximos 6 anos.

Está preparado? Vamos praticar!

1º reflita sobre o seu estado atual

Para traçar metas precisas, não podemos ficar apenas com a caneta sobre o papel durante horas esperando o objetivo chegar. Para começar, reflita sobre o seu estado atual. Responda, de 0 a 10, qual o seu estado atual em relação às perguntas a seguir.

Como está a sua vida pessoal hoje?

Como está em relação aos seus estudos?

Como se vê como estudante hoje?

Após responder, avalie esses pontos de maneira honesta e perceba se essa simples prática já lhe trouxe conhecimento sobre o que faz.

O AUTOCONHECIMENTO É FUNDAMENTAL QUANDO SE PREPARA UM PLANO DE CARREIRA. Se você conhece bem os seus pontos fortes e fracos, os seus medos, as suas competências, o que faz bem, o que precisa desenvolver e aprimorar, então chegar ao objetivo traçado será muito mais fácil.

TAMBÉM É ESSENCIAL SER SINCERO CONSIGO MESMO PARA ALCANÇAR BONS RESULTADOS. A maioria das pessoas tenta esconder suas insatisfações até delas próprias. E você não é qualquer um, certo? Esse comportamento tóxico causa uma paralisia nas suas atitudes e o está impedindo de conquistar maiores patamares de sucesso.

Não adianta esconder. Não adianta não querer olhar. Não adianta fingir. Você está no seu estado atual. Este é o seu momento. Ter essa mentalidade o ajudará a dar o primeiro passo para uma carreira de sucesso.

Fale para si mesmo: **"EU PRECISO DEFINIR O MEU ESTADO ATUAL"**. É a partir da mentalização dessa frase que você poderá se mobilizar racional e emocionalmente para a mudança.

Para organizar melhor suas ideias, anote tudo aqui. Anote tudo o que vier à sua cabeça – sem restrições! Isso o ajudará a ter mais clareza das suas ideias e reflexões.

Exercício

COMO ESTÃO OS SEUS ESTUDOS NESSE MOMENTO? Sente-se feliz e satisfeito com o que está aprendendo? Sente-se interessado e estimulado a dar o melhor de si? Sente-se desafiado a se melhorar continuamente? O que você mudaria, caso pudesse?

O QUE VOCÊ TEM FEITO PARA SER UM ESTUDANTE MELHOR? TEM FEITO CURSOS, CAPACITAÇÕES? ESCREVA AQUI.

COMO ESTÁ O SEU RELACIONAMENTO COM OS SEUS COLEGAS DE SALA? ESSAS RELAÇÕES TÊM INTERFERIDO NO SEU DIA A DIA DE ESTUDOS?

QUAIS SÃO AS SUAS ÁREAS DE INTERESSE E DESINTERESSE DA ROTINA DO COLÉGIO? TEM ALGUM HOBBY ESPECÍFICO QUE SE RELACIONA (OU NÃO) COM A SUA ROTINA? QUAL?

2°

defina e compreenda o seu estado desejado

Neste momento, você deve refletir sobre qual caminho profissional deseja seguir nos próximos 6 anos. Esta reflexão é fundamental para o seu plano de carreira, já que permite que você defina o que precisa fazer para alcançar uma posição profissional dos sonhos e atingir a plenitude.

Tenha certeza de que a partir do momento em que esse objetivo for definido, você será capaz de guiar melhor sua carreira e aproveitar todas as oportunidades que surgirem no caminho. Isso o fará se posicionar na sua vida profissional e não ficar à mercê dos acontecimentos.

O que acontece com muitas pessoas é que elas não desejam, não sonham, não têm metas. E quando o fazem, são guiadas por motivos materiais. Lembra quando falamos da diferença entre emprego e trabalho? Portanto, não basta definir qual é o seu estado desejado; é preciso compreender o que está por trás dessa vontade. Reflita sobre alguns questionamentos e deixe tudo registrado no livro.

Exercício

AONDE QUER CHEGAR? O QUE ALMEJA PARA A SUA VIDA? DESCREVA COM DETALHES.

O QUE O MOTIVA A DEFINIR E A QUERER CHEGAR A ESTE ESTADO DESEJADO?

POR QUE ESTE ESTADO DESEJADO É IMPORTANTE? POR QUE VALERÁ A PENA? MENCIONE AS VANTAGENS QUE ENXERGA NESSA POSIÇÃO.

É muito importante que as respostas estejam alinhadas com aquilo que você acredita e com a vida que deseja no futuro. Dessa forma, será possível se manter motivado e focado ao longo da execução do seu plano de carreira.

3° trace metas

Chegando até aqui acreditamos que você já conhece o lugar onde está e definiu o destino que quer alcançar com o seu plano de carreira. Nossa missão agora é tirar as pedras do seu caminho que o impedem de prosseguir. Construiremos juntos, mediante o estabelecimento de algo primordial em qualquer jornada de sucesso, as metas.

ESTABELECER METAS É O QUE LEVA DE UM ESTADO DE VITIMIZAÇÃO PARA UM ESTADO DE AÇÃO E DE CONTROLE DA SUA VIDA. Uma pessoa estagnada, ou vitimizada, não tem metas. E não duvide que deixar de estabelecer metas é a mesma coisa de se prender ao passado e se deter em problemas que já não mudam mais a sua vida. Não há como obter sucesso completo sem o estabelecimento de metas ousadas.

SUCESSO É TER UMA VISÃO POSITIVA DO FUTURO. E UMA VISÃO POSITIVA DO FUTURO É A MANEIRA MAIS ADEQUADA PARA O ESTABELECIMENTO DE METAS. Algo que é possível quando consegue verbalizar frases que o condicionam a seguir adiante.

140 | Decifre seu talento

Verbalize "Minha meta é...".

> **EXEMPLO:**
>
> Minha meta é passar no vestibular, é estar em uma universidade desenvolvendo um projeto de pesquisa da minha área (verbalize).
>
> Minha meta é concluir mestrado e doutorado em meu campo de estudo.
>
> Repita essa ação 10 vezes todos os dias e anote seus *insights* neste livro.

O que mostramos foi a criação de uma visão exata. Pessoas que sabem estabelecer metas não são acostumadas a dissertar sobre seus sonhos, elas descrevem suas metas como quem descreve uma fotografia.

É assim que a mente funciona.

No entanto, é preciso estabelecer de quanto tempo precisará para sair do seu estado atual e alcançar o seu estado desejado, definindo também o que precisa fazer durante esse período para se preparar. Faça uma análise geral e veja se esse plano é realista, mas, ao mesmo tempo, ousado. Lembrando que precisa se desafiar a fazer mais e melhor, sempre!

Exercício

ESSE É O MOMENTO DE CRIAR A SUA VISÃO POSITIVA DE FUTURO. DESCREVA COM DETALHES SUAS METAS DE VIDA – PESSOAIS E PROFISSIONAIS. PENSE ALTO E COM AMBIÇÃO. NADA DE NEGATIVIDADE! Use o espaço a seguir para pensar e registrar por escrito as metas para a sua carreira. Se preferir, você pode desenhar uma imagem que ilustra ou representa o que tem em mente quanto ao seu objetivo.

Detalhes:

_____

_____

_____

Desenho:

4º relacione-se bem com o seu dinheiro

Você já conviveu com aquelas pessoas que acreditam que o dinheiro é a raiz de todos os problemas da humanidade? Acreditamos que essa visão não contribui em nada para o seu desenvolvimento, pois o grande vilão, na verdade, é o foco excessivo dado ao dinheiro, e não ele em si. Dinheiro não é fim, é meio! Pensando-se dessa forma, o dinheiro se transforma em uma ferramenta poderosa para mudar vidas.

Tratando o dinheiro como apenas uma meta-meio, a meta final fica a seu critério, sempre lembrando do princípio básico que é crescer e contribuir. Seguindo essa premissa você perceberá que o dinheiro traz conforto e segurança, além de ser um meio de ajudar os outros e fazer a diferença no mundo.

Eu, Paulo Vieira, costumo dizer que, em termos financeiros, há três tipos de pessoas:

- Aquelas que não têm uma condição financeira favorável e necessitam de alguém que as ajude.

- As que existem para si mesmas e empregam seus recursos de maneira egoísta.

- As que contribuem com o mundo independentemente do quanto ganham. Estas vivem com fartura e abundância e fazem do mundo um local melhor. São o que chamamos de "pessoas ricas".

Ser rico implica viver em abundância, independentemente da sua condição financeira, respeitando seus termos e possibilidades. Se você desenvolver um bom relacionamento com o seu dinheiro, verá que sempre sobrará uma reserva ao fim de cada mês para investir no seu plano de carreira e para ajudar o próximo. Você sonha em contribuir e criar uma realidade melhor? Para isso acontecer, é preciso resolver seus problemas financeiros primeiro.

Exercício

ATUALMENTE, COMO ESTÁ O SEU RELACIONAMENTO COM O DINHEIRO?

ESTÁ DISPOSTO A JUNTAR UMA QUANTIA NA POUPANÇA? Essa quantia é suficiente para as metas que está traçando?

5° estude a sua área e torne-se perito

Existem pessoas querendo ser ricas sem pagar o preço: tornarem-se peritas. Está se dedicando aos estudos ou à profissão? Esta deveria ser sua reflexão constante e diária. Algumas pessoas não sabem ou ignoram o quanto é essencial conhecer a fundo a própria área de interesse, aquela na qual querem crescer e se destacar.

Acredite, no mundo competitivo em que vivemos, sem perícia é impossível alcançar qualquer coisa.

Contudo, o que se entende por perícia? Perícia é fazer o que os outros não fazem. É aplicar o seu conhecimento e estar acima do especialista, tornando-se alguém com conhecimento diferenciado dos demais. A pessoa que tem perícia é aquela que é sempre procurada por ser referência em algo e por saber o que a maioria não sabe. Não é difícil imaginar que o faturamento dessas pessoas é sempre superior ao das demais.

Lembrando: perícia é a aplicação do conhecimento.

Um bom exemplo de perito é Stan Lee. Redator, quadrinista, empresário e ator norte-americano é considerado um dos maiores especialistas quando o assunto é contar histórias em quadrinhos. Ele fez os primeiros roteiros em 1939, na Timely Comics, editora especializada em ficção científica e quadrinhos. Contudo, foi na década de 1960 que Stan Lee e seus colaboradores foram responsáveis pela criação de centenas de super-heróis, vilões e histórias icônicas, muitas das mencionadas aqui.

As décadas foram passando e Stan Lee continuou se aperfeiçoando, descobrindo novos talentos no desenho e na forma de apresentar os seus roteiros, elevando a cultura pop a um outro patamar.

Então chegamos ao ponto da questão: você deseja trilhar um caminho igual ao de Stan Lee? Então, como está o seu aprendizado? Ser constante é um dos jeitos mais rápidos para alcançar esse caminho. Não ache que começar um projeto e não terminá-lo você alcançará seus objetivos.

TURBINE A SUA JORNADA!

O mercado de trabalho está cada vez mais competitivo. Profissões surgem e outras desaparecem. Quem não se atualiza ou não incrementa novas ações ao seu ofício é deixado para trás. Com a internet, todos os conteúdos possíveis se encontram em um único espaço, e isso nos conecta de alguma forma. Já imaginou se Stan Lee não houvesse desenvolvido suas habilidades ao longo de sua carreira? Não teríamos Homem-Aranha, Capitão América ou Homem de Ferro em suas histórias. Sem dúvidas, o mundo seria menos alegre.

Tenha certeza de que mantendo esses pilares você nunca mais saberá o que é crise.

Por isso, aqui vão algumas dicas para sua jornada de perícia:

- Pesquise sobre o seu setor de atuação.
- Descubra empresas de referência.
- Converse com outros profissionais e faça conexões estratégicas com aqueles que já estão na posição que você almeja.
- Descubra áreas ou ramos sobre os quais demonstra ter amplo domínio, aquilo que sabe fazer melhor.

Essas ações possibilitarão que você se sinta mais seguro e preparado. A perícia exige empenho e estudo, então dedique-se para sempre melhorar. Agora é o momento de refletir sobre o que o tornará um profissional de destaque.

Exercício

ONDE ESTÁ A SUA MAIOR FORÇA? FALE SOBRE O QUE VOCÊ FAZ MELHOR.

O QUE PRECISA PARA SE TORNAR PERITO NESTA ATIVIDADE? O QUE TEM FEITO PARA TORNAR ISSO UMA REALIDADE NA SUA VIDA?

O QUE ESTÁ IMPEDINDO VOCÊ DE ALCANÇAR O NÍVEL DE PERÍCIA DESEJADO?

6º ouça as pessoas, pratique o V0

Impactar as pessoas e saber conectar-se com elas são importantes chaves para o sucesso. Saiba ouvir quem o procura para conversar. Conecte-se 100% com alguém. Ninguém quer estar perto de quem só fala de si mesmo ou de alguém que só fica no celular. **SEJA AQUELA PESSOA A QUEM RECORREM PARA CONVERSAR. AJUDE E ESTEJA INTERESSADO NO OUTRO.**

Uma boa história de como se conectar em profundidade com as pessoas pode levar alguém ao sucesso, como o caso da musicista Amanda Palmer. Em sua palestra "A arte de ouvir", feita em uma conferência do TED, ela conta que levou seu relacionamento com os fãs para um novo patamar, buscando se conectar com eles. O seu método foi o V0.

O V0 é uma ferramenta que consiste em olhar bem dentro dos olhos da outra pessoa, respirar junto com ela e conectar-se com ela. É um momento de entrega total, no qual as palavras não são necessárias. A musicista conta que, por meio do V0, sentia as outras pessoas de maneira sincera e verdadeira. E você imagina o porquê? Porque elas se sentiam amadas e importantes.

Ela aprendeu a fazer V0 quando trabalhou como "estátua humana" nas ruas, e levou isso como filosofia de vida. Enquanto "estátua", ela olhava nos olhos das pessoas, sorria, concentrava-se somente nelas. Pessoas que estavam há semanas sem um contato intenso com alguém, sentiam naquele momento um agradecimento profundo apenas por estar sendo vistas.

146 | Decifre seu talento

Acesse o link para conferir o vídeo de Amanda Palmer:
ACESSE: http://bit.ly/2KICFba

Para acessar, basta colocar a câmera do seu smartphone sobre o QR code ao lado.

Exercício

COMO VOCÊ TEM SE RELACIONADO COM AS PESSOAS AO SEU REDOR? VOCÊ AS OLHA NOS OLHOS ENQUANTO FALA? OUVE O QUE ELAS TÊM A DIZER?

_____
_____
_____

7° busque conhecimento com quem já o tem

A maioria das pessoas que tem um objetivo na vida – tanto pessoal quanto profissional – costuma procurar indivíduos mais experientes que possam dar dicas a elas para alcançar suas metas. Essas pessoas mais experientes, e bem-sucedidas, se tornam referências e dividem conselhos sobre o que fizeram para chegar aonde chegaram.

SE VOCÊ QUER BUSCAR MUDANÇAS GRANDIOSAS NA SUA VIDA, ESTEJA RODEADA DE PESSOAS BEM-SUCEDIDAS. Se você é daquelas pessoas céticas que acha que estar perto de quem é bem-sucedido não traz resultado nenhum, nós o desafiamos a fazer isso em algum momento da sua vida. Lembre-se de que não estamos escrevendo apenas para seu lado profissional, mas se deixarmos seu lado pessoal descoberto, não chegaremos aos resultados prósperos que queremos.

Busque companhias que queiram crescer cada vez mais e que desejam contribuir sempre que podem. Pesquise vídeos, sites, textos, os cursos que ministram ou até a orientação pessoal delas. Elas saberão lhe transmitir conselhos muito ricos e completos, possibilitando que você tenha todas as ferramentas necessárias para alcançar o sucesso. Percebeu que não falamos apenas de contatos presenciais? Pois é, colocar-se na figura de outra pessoa também lhe proporciona pensamentos positivos do sucesso.

ACIMA DE TUDO, DISTANCIE-SE DAS PESSOAS QUE NÃO O LEVARÃO A LUGAR ALGUM. Fuja delas como se sua vida dependesse disso. Fuja, na verdade, de qualquer contato nocivo – sejam ambientes, pessoas ou conteúdo. Não se deixe influenciar por cargas negativas. Pessoas ricas selecionam tudo o que chega para elas; aja, portanto, da mesma forma. Seja seletivo. Que tipo de pessoa está ao seu redor? Elas têm os mesmos objetivos que os seus? Querem sempre mais? Faça essa avaliação.

Os seus projetos, os seus sonhos, o seu futuro e o seu sucesso devem ser compartilhados com pessoas que, de fato, possam agregar orientações de valor. Dessa forma, procure sempre os conselhos de pessoas que alcançaram aquilo que você quer alcançar. Para entender melhor, separamos alguns exemplos práticos na vida pessoal, acadêmica e profissional.

Vida pessoal

Você quer correr uma maratona e pede conselhos a um amigo seu. Esse amigo até gosta de assistir corridas, mas ele é sedentário e não praticou corrida em nenhum momento da vida. Por mais que ele possa falar sobre as modalidades de corrida, contar histórias de grandes maratonas e incentivá-lo, tudo o que ele lhe transmitirá é a teoria. Será que você deve dar ouvidos a ele, alguém que nunca praticou o que está lhe falando? Será que não seria muito mais adequado pedir dicas, ver vídeos e palestras ou ler livros de quem corre maratonas?

O QUE VOCÊ FARIA NESSA SITUAÇÃO?

Essas pessoas, em razão das suas experiências, saberão mostrar as formas para que você atinja esse determinado objetivo. Elas poderão compartilhar os tipos de treino que deram certo para elas, os sentimentos que experimentaram durante a corrida e terão empatia real pelo que você passará.

Vida acadêmica

Você terminou o Ensino Médio e quer cursar uma faculdade no exterior para ter uma experiência nova, para conhecer outra cultura e viver desafios. Você decide procurar um professor da faculdade, que você já cursou no Brasil, com quem tinha afinidade para pedir recomendações de boas universidades ou dicas sobre cursos fora do País. Ele até poderá ter algumas referências de boas universidades e indicar alguns cursos, mas se ele mesmo nunca teve uma experiência acadêmica no exterior, será que seu ex-professor é a pessoa mais indicada para lhe dar esses conselhos? Será que outro professor, que de fato fez a graduação no exterior, não poderá lhe dar dicas muito mais valiosas?

O QUE VOCÊ FARIA NESSA SITUAÇÃO?

Como o segundo ex-professor vivenciou essa experiência que você busca, ele poderá ir muito além do que apenas indicar uma universidade ou curso: poderá lhe dar dicas de como se preparar, explicar como é o dia a dia em uma universidade estrangeira, indicar leituras e muito mais. Os conselhos podem ser muito mais profundos, realistas e completos.

Vida profissional

Vamos agora para sua vida profissional, em um ponto em que você está prestes a assumir uma posição de liderança em sua empresa e quer se preparar melhor para assumir a vaga. Para isso, você lê livros de diversos autores que, por mais que tenham uma boa bagagem teórica e ministrado diversos cursos, nunca gerenciaram uma equipe.

Será que esse conhecimento teórico agregará riqueza? O que mais poderia ser feito para desenvolver suas competências para esse desafio?

O QUE VOCÊ FARIA NESSA SITUAÇÃO?

As dicas de quem tem ou teve experiência prática com gestão e liderança de equipes serão muito mais proveitosas. Pessoas com experiências poderão falar sobre os percalços que encontraram no caminho, contar casos práticos e descrever como situações de impasse foram resolvidas.

Com esses exemplos, é possível começar um processo de reflexão para determinar se você está dando ouvidos às pessoas certas.

Escute quem também realiza, não quem só teoriza.

É preciso ter consciência de que a teoria é muito diferente da prática. E elas não se excluem, na verdade são complementares em sua jornada da perícia. Na culinária, por exemplo, podemos seguir uma receita à risca e, mesmo assim, nas primeiras vezes, a comida não ficará tão boa quanto se esperava. Praticando é possível adquirir o "jeito" de fazer bem as coisas, compreendendo melhor as orientações e alcançando os resultados esperados.

Responda, de 0 a 10, às perguntas seguintes sobre as áreas de desenvolvimento.

Você tem pesquisado conteúdos edificantes para sua vida profissional?

1 2 3 4 5 6 7 8 9 10

Você tem trabalhado sua oratória?

Você tem dedicado tempo para leituras para desenvolvimento pessoal?

Isso se aplica, e muito, na vida profissional. Se você quer saber como ter sucesso profissional, procure ouvir e ler os depoimentos de pessoas que de fato alcançaram sucesso profissional e que já conhecem, portanto, o caminho.

Se você quer aprender a falar melhor em público, escolha palestrantes ou pessoas que ministram cursos de dicção e oratória. Aprenda a falar bem em público com quem o faz com maestria. Essa pessoa poderá lhe repassar as experiências que teve, entre erros e acertos, que a levaram a esse caminho de sucesso.

A teoria sem a prática resulta em objetivos incompletos. Por esta razão:

> Você não é aquilo que diz ser, também não é o que os outros pensam que é. Você é os seus resultados.

As suas referências devem ser baseadas em pessoas que já realizaram aquilo que você tem como meta para que seja possível receber dicas objetivas e práticas. Ver e conhecer pessoas que realizaram e fazem bem o próprio trabalho também serve de combustível para que você tenha força e orientação para buscar seus objetivos. São formas de demonstrar se o que você quer fazer é passível de realização se houver dedicação, orientação e conhecimento.

Capítulo 6 - Estratégia | 151

Exercício

Liste agora 10 grandes referências na área em que você deseja atuar. Podem ser pessoas ou empresas. O que elas oferecem que as tornam peritas? O que elas fazem que você pode aprender para se tornar um profissional melhor? Liste os nomes e escreva ao lado os destaques de cada pessoa ou empresa.

PESSOA/EMPRESA   **DESTAQUE**

8° atue com diligência

Se você pensa "quando eu passar, me dedicarei de verdade", é melhor começar a mudar o seu pensamento. Você não passará nunca no vestibular pensando (e agindo) assim.

A ascensão vem para aqueles que se destacam, mesmo quando as condições não são as mais favoráveis. O seu talento e a sua capacidade excepcional só serão descobertos se você os mostrar no dia a dia das aulas.

O trabalho diligente é preciso, bem-feito e voltado para a obtenção de resultados. Alguém é diligente quando tem dedicação, zelo e foco em relação a alguma atividade. As pessoas que não realizam um trabalho diligente produzem menos do que poderiam – e se ressentem por não crescerem de maneira profissional! Elas não percebem que estão sabotando sua própria evolução.

E essa é, infelizmente, uma grande realidade hoje. São inúmeras redes sociais, com milhares/milhões de pessoas nos bombardeando dia e noite com informações, muitas delas com conteúdos desnecessários. No final das contas, você sabe o quanto perde por estar a cada 10 minutos nas redes sociais?

Analisando a sua situação hoje, responda com sinceridade:

VOCÊ PASSARIA NO VESTIBULAR?

SE VOCÊ JÁ ESTIVESSE EMPREGADO, CONTRATARIA ALGUÉM COM O SEU NÍVEL DE DEDICAÇÃO E O SEU COMPROMISSO COM AS METAS DA EMPRESA?

VOCÊ CONTRATARIA ALGUÉM COM O NÍVEL DE PRODUTIVIDADE QUE HOJE VOCÊ OBTÉM DOS ESTUDOS?

Overdelivery: deixe as distrações de lado e entregue sempre mais!

Seja com a sua família, seja com os seus colegas, busque ser sempre mais do que pedem e procure estar acima do esperado. Essa mentalidade é conhecida como overdelivery. É uma mentalidade que está presente em todas as pessoas ricas e bem-sucedidas. Experimente fazer isso e verá como o mundo ao seu redor será transformado.

Veja as situações a seguir e reflita sobre cada uma delas a partir de sua relação diária com os estudos ou o trabalho. Quais desses tipos de atitudes combinam mais com seu momento atual?

- Chega atrasado e conta os minutos para ir embora?

- Não se importa em sair mais tarde quando necessário?

- Acha que sabe tudo?

- Está sempre buscando conhecimentos novos?

- Está sempre dando desculpas para não fazer o que deve ser feito?

- Assume as responsabilidades pelo seu trabalho e entrega um serviço excepcional?

- Entrega um trabalho mais do mesmo?

Exercício

ANOTE EM UMA FOLHA DE PAPEL AS CINCO MEDIDAS/DECISÕES QUE PRECISA TOMAR PARA SE TORNAR UM FUNCIONÁRIO/ESTUDANTE DILIGENTE NO FUTURO.

➡ _____

➡ _____

➡ _____

➡ _____

➡ _____

APÓS ESSAS AÇÕES, VOCÊ SE CONTRATARIA? PENSE COM CALMA NAS RESPOSTAS. COM ELAS, VOCÊ ENTENDERÁ ONDE ESTÁ E, PRINCIPALMENTE, COMO CHEGAR AONDE DESEJA.

_____

_____

_____

_____

9°. busque motivações

O que o motiva a ser um estudante melhor? Reconhecimento? Promoção? Ambiente agradável? Seu rendimento nos estudos hoje pode estar sendo sabotado por uma consciência errada acerca de suas motivações.

Antigamente, era comum que grande parte das pessoas tivesse como noção básica que a satisfação profissional tinha a ver sobretudo com retorno financeiro.

Capítulo 6 - Estratégia | **155**

Para falar a verdade, essa ideia ainda é a realidade de muita gente hoje. Contudo, conforme os anos passaram, o mercado mudou, e essa noção também vem mudando bastante. Saiba o porquê a seguir.

> Qualidade de vida é um dos aspectos mais ressaltados quando o assunto é realização profissional. Muitas pessoas perceberam que não é tão compensatório ter um excelente salário, com um clima organizacional ruim ou sem equilíbrio adequado entre a vida profissional e a pessoal.

A motivação é um ponto que ajuda no estabelecimento do caminho daquele destinado ao sucesso. Um funcionário satisfeito com o seu trabalho consegue manter o sentimento de respeito e de reconhecimento diante do desenvolvimento da empresa. Seu comportamento não se pauta apenas por cumprir suas obrigações, mas busca contribuir e agregar o melhor de si ao trabalho e à empresa.

Todos nós precisamos nos sentir de fato motivados com o que fazemos. Logicamente, em muitos casos, más experiências em uma empresa podem determinar essa percepção e gerar questionamentos. Entretanto, existem situações nas quais o próprio funcionário percebe que o seu nicho de atuação nada agrega a uma experiência motivadora. Quando isso acontece, é natural que as pessoas passem a reavaliar seus sentimentos e percepções profissionais e comecem a colocar em dúvida se o seu caminho profissional ainda se mantém correto.

Porém, como você verá em um capítulo adiante, nós acreditamos na premissa segundo a qual o profissional certo deve trabalhar no local ideal para o desenvolvimento de suas competências técnicas. Por isso, utilizamos os estudos sobre perfis comportamentais para compreender as pessoas e, nesse caso, profissionalmente, alocar os funcionários onde sentem-se bem para alcançar sua alta performance.

Exercício

O QUE O MOTIVA A SER UM ESTUDANTE MELHOR HOJE?

_____
_____
_____
_____
_____

10° defina prazos realistas para o cumprimento de cada meta

Nesse momento, seu plano de carreira está pronto. Porém, ainda falta uma ação essencial: definir os prazos para o cumprimento de cada meta. Definir a data específica é essencial porque você:

- Mantém seus objetivos claros.
- Pode manter um acompanhamento constante.
- Pode subdividir as metas em etapas e cumpri-las no tempo estipulado.
- Aumenta sua motivação para o próximo passo.

Entretanto, para desfrutar de todos esses benefícios é preciso que você defina prazos realizáveis, já considerando eventuais obstáculos. Lembre-se, porém, de que isso não pode colocá-lo em uma zona de conforto que não o desafie, afinal buscar a realização dos seus sonhos é um preço que precisa ser pago.

Para um plano de carreira de sucesso, esteja disposto a correr certos riscos, tentar novas experiências e abandonar a zona de conforto. Dessa forma, após traçar as metas, você precisa ir além e estipular prazos para elas.

Não existem atalhos para o sucesso, mas o caminho pode ser aprendido.

Exercício

QUANDO CHEGAR AO ESTADO DESEJADO? ESCREVA UMA DATA ESPECÍFICA!

O QUE ESTÁ FAZENDO HOJE PARA ALCANÇAR ESSE ESTADO DESEJADO?

11°
use a frustração e a rejeição para o sucesso

As pessoas que mais tiveram sucesso, que mais prosperaram, foram aquelas que tropeçaram e caíram mais vezes. As pessoas que têm menos sucesso foram as que menos erraram e menos fracassaram. Foram as que menos experimentaram. Elas levam uma vida muito segura e tranquila sem experimentar, sem ousar, com metas muito limitadas. Por isso, não fracassam, mas também não têm sucesso.

Sabia que a experiência de investidores, dos CEO de empresas de tecnologia no Vale do Silício, nos Estados Unidos, é medida pela quantidade de empresas que esses empreendedores já tiveram? E aqui não estamos com um olhar negativo, mas em uma perspectiva de experiência e desenvolvimento constante.

Por isso, amigo, não tenha medo de fazer o vestibular. "E se eu não passar agora?" é uma pergunta válida, mas ela está no futuro. Foque no agora e se pergunte se você está se preparando de maneira adequada. Não se preocupe se vai passar ou não. Estude agora, porque a jornada também é importante na construção do objetivo final.

Relaxe!

Se você sofrer, aprenda com o sofrimento e transforme-o em aprendizado.

As pessoas de maior sucesso foram as que mais quebraram a cara, as que mais se machucaram. Contudo, foram as que mais chegaram alto em todas as áreas da vida. Em algum momento, fracassamos. No entanto, não é por isso que desistiremos de experimentar. Em algum momento, receberemos um não.

Se você é daqueles que têm medo de ouvir um não, relaxe. Vamos ouvir um monte de nãos, porque eles fazem parte da nossa vida. Nós, Paulo e Deibson, ouvimos muitos "nãos" para chegar até este momento em que você está nos dando a honra de ler um livro que saiu de nossas cabeças e experiências. Por isso, não tenha medo da frustração, da rejeição, pois se trata de sentimentos essenciais para o nosso aprendizado.

COM ESSES 11 PASSOS, GOSTARÍAMOS DE SABER QUAIS DECISÕES VOCÊ TOMARÁ A PARTIR DE AGORA PARA ALCANÇAR O SUCESSO EM SUA VIDA?

A IMPORTÂNCIA DE AGIR E DE AGIR CERTO

Como eu, Paulo Vieira, costumo dizer, "o conforto de não agir certo na hora certa logo se tornará uma prisão de muros altos". O que o está impedindo de agir neste momento? Você conhece os seus limites? Por que você está se restringindo tanto? Essas perguntas são importantes para saber a diferença entre agir e agir certo. As oportunidades não esperam pela nossa tomada de decisão. Se não estivermos preparados para agarrá-las antes que outro as pegue, nós a deixaremos escapar e um ciclo vicioso se inicia em nossa vida. Essa é a verdade da vida, não podemos fugir disso.

Agir é o primeiro passo para a conquista de seus sonhos e objetivos. Muitos acreditam que o que os separa de seus objetivos é o tamanho deles e o ponto em que se encontram naquele momento. Por isso, não evoluem e seguem traçando objetivos pequenos ou confortáveis demais para serem chamados de desafios.

> **"As únicas coisas que nos separam de nossos objetivos são a nossa capacidade de agir e a qualidade de nossas ações."**
>
> **Paulo Vieira**

A soma dessas ações são os fatores que determinarão quanto tempo levaremos para atingir uma meta.

Gostaríamos de compartilhar um exemplo bastante real para fixar esses conhecimentos. Você conhece o jogador de futebol Lionel Messi, certo? Se não o conhece, achamos bom conhecer esse gênio do futebol antes que a aposentadoria dele seja uma realidade.

Seguindo, antes de se tornar o craque indiscutível do Barcelona, Messi era apenas um jovem argentino nascido no bairro popular de Rosário, em Buenos Aires. Contudo, algo de diferente havia nele, e não apenas a sua habilidade que viria se comprovar anos depois. Desde cedo ele colocou na cabeça que seria jogador de futebol, chegando próximo de seu ídolo Maradona, o que, em si, já é um feito incrível.

160 | Decifre seu talento

Então, buscando esse objetivo, Messi começou jogando no clube do bairro, Newell's Old Boys, e logo se destacou, chamando a atenção de empresários. Como um menino tão novo poderia fazer tantas coisas incríveis contra garotos mais velhos?

Clubes de todo o mundo começavam a ouvir a história desse jovem argentino, que estava jogando muito bem nas categorias de base, quando o espanhol Barcelona, uma das maiores equipes europeias, procurou contratar o jovem craque para que ele se desenvolvesse em suas categorias de base, com a possibilidade de viver na Europa e estar sempre sob os holofotes. O pequeno Messi aproveitou a oportunidade e seus pais assinaram um contrato. O resto é história.

Lionel Messi se tornou um dos maiores jogadores do século XXI. Listamos a seguir alguns dos seus feitos:

- Três títulos da Copa do Mundo de Clubes da Federação Internacional de Futebol (FIFA).

- Quatro títulos da Liga dos Campeões da Union of European Football Associations (UEFA).

- Três títulos da Supercopa da UEFA.

- Dez títulos do Campeonato Espanhol de Futebol.

- Seis títulos da Copa do Rey.

- Oito títulos da Supercopa da Espanha.

Messi também se tornou o jogador que mais ganhou o prêmio *Ballon d'Or,* quatro deles consecutivos. Messi também é recordista do prêmio *Chuteira de Ouro,* da UEFA, com cinco premiações, e ganhou por uma vez o prêmio de melhor jogador da UEFA na Europa.

Capítulo 6 - Estratégia | 161

Levando em consideração o exemplo do jogador argentino, você acha que se Messi estivesse jogando ainda naquele clube do bairro, ele teria alcançado tamanho desenvolvimento e premiações quanto alcançou na equipe catalã?

QUAIS DECISÕES TOMAR A PARTIR DE AGORA?

Após refletir e tomar decisões que, com certeza, já estão mudando sua forma de pensar, chegou a hora de perceber a realidade dos universitários e enxergar-se como um deles, afinal essa já está se tornando a sua realidade.

EXPERIENCE DAY

Especialistas em educação estão convictos de que visitar uma faculdade ou universidade em que se deseja estudar traz importantes ganhos ao aluno, não apenas na autoestima, mas em uma escolha mais precisa.

As pesquisas pela internet também são importantes, porém uma visita presencial à universidade e ao seu futuro local de trabalho é a melhor maneira de definir e conhecer o local onde passará, no mínimo, os próximos 4 anos da sua vida. Você poderá analisar a infraestrutura dos prédios, as salas, professores, o currículo e ainda conversar com os universitários, os seus futuros colegas de campus. Por isso, o Experience Day é tão importante para conhecer as instituições que estão entre suas favoritas. É essencial para uma escolha certa e um futuro de sucesso.

Listamos a seguir um roteiro direcionado para seu momento extraordinário de experiências na universidade e na empresa.

Boa visita!

VISITA À INSTITUIÇÃO DE ENSINO N. 1

Instituição escolhida:

Curso avaliado:

Data da visita:

Quanto tempo durou a visita:

Opção de carreira 1:

Opção de carreira 2:

Pessoas com as quais conversou:

➡ Perguntas para fazer a estudantes durante a visita:

O QUE O LEVOU A ESCOLHER ESSE CURSO?

COMO É SUA (DO ESTUDANTE) ROTINA? QUANTAS AULAS VOCÊ (O ESTUDANTE) TEM POR DIA/SEMANA?

QUAIS SEUS (DO ESTUDANTE) PRINCIPAIS DESAFIOS DO DIA A DIA?

COMO SÃO AS PESSOAS QUE VOCÊ (O ESTUDANTE) ENCONTRA DIARIAMENTE?

QUAIS SÃO SEUS (DO ESTUDANTE) PLANOS PARA SUA CARREIRA?

QUAL CONSELHO VOCÊ (O ESTUDANTE) DARIA A ALGUÉM QUE ESTÁ PENSANDO EM INGRESSAR NO MESMO CURSO?

OUTRAS PERGUNTAS FEITAS:

ATIVIDADES E AULAS OBSERVADAS:

O QUE VOCÊ (LEITOR) APRENDEU SOBRE O CURSO:

VISITA À INSTITUIÇÃO DE ENSINO N. 2

Instituição escolhida:

Curso avaliado:

Data da visita:

Quanto tempo durou a visita:

Opção de carreira 1:

Opção de carreira 2:

Pessoas com as quais conversou:

Perguntas para fazer a estudantes durante a visita:

O QUE O LEVOU A ESCOLHER ESSE CURSO?

COMO É SUA (DO ESTUDANTE) ROTINA? QUANTAS AULAS VOCÊ (O ESTUDANTE) TEM POR DIA/SEMANA?

QUAIS SEUS (DO ESTUDANTE) PRINCIPAIS DESAFIOS DO DIA A DIA?

Capítulo 6 - Estratégia | **165**

COMO SÃO AS PESSOAS QUE VOCÊ (O ESTUDANTE) ENCONTRA DIARIAMENTE?

QUAIS SÃO SEUS (DO ESTUDANTE) PLANOS PARA SUA CARREIRA?

QUAL CONSELHO VOCÊ (O ESTUDANTE) DARIA A ALGUÉM QUE ESTÁ PENSANDO EM INGRESSAR NO MESMO CURSO?

OUTRAS PERGUNTAS FEITAS:

ATIVIDADES E AULAS OBSERVADAS:

O QUE VOCÊ (LEITOR) APRENDEU SOBRE O CURSO:

VISITA À EMPRESA 1

(CONFORME SUA OPÇÃO) LIGADA À INSTITUIÇÃO DE ENSINO N. 1

Empresa escolhida:

Carreira relacionada:

Data da visita:

Quanto tempo durou a visita:

Pessoas com as quais conversou:

Perguntas para fazer a profissionais durante a visita:

O QUE O LEVOU A ESCOLHER ESSA CARREIRA?

COMO É A SUA ROTINA? QUANTAS HORAS VOCÊ TRABALHA DIARIAMENTE?

QUAIS OS PRINCIPAIS DESAFIOS DO SEU DIA A DIA?

Capítulo 6 - Estratégia | 167

COMO SÃO AS PESSOAS COM QUEM VOCÊ TRABALHA DIARIAMENTE (TRABALHA EM EQUIPE OU INDIVIDUALMENTE)?

VOCÊ ACREDITA QUE ESSA CARREIRA É RENTÁVEL?

VOCÊ ACREDITA QUE É POSSÍVEL CRESCER NESSA CARREIRA?

QUAL CONSELHO VOCÊ DARIA A ALGUÉM QUE ESTÁ PENSANDO EM INGRESSAR NESSA MESMA PROFISSÃO?

OUTRAS PERGUNTAS FEITAS:

ATIVIDADES QUE PODE DESEMPENHAR:

O QUE VOCÊ (LEITOR) APRENDEU SOBRE A PROFISSÃO:

VISITA À EMPRESA 2

(CONFORME SUA OPÇÃO) LIGADA À INSTITUIÇÃO DE ENSINO N. 2

Empresa escolhida:

Carreira relacionada:

Data da visita:

Quanto tempo durou a visita:

Pessoas com as quais conversou:

Perguntas para fazer a profissionais durante a visita:

O QUE O LEVOU A ESCOLHER ESSA CARREIRA?

COMO É A SUA ROTINA? QUANTAS HORAS VOCÊ TRABALHA DIARIAMENTE?

QUAIS OS PRINCIPAIS DESAFIOS DO SEU DIA A DIA?

COMO SÃO AS PESSOAS COM QUEM VOCÊ TRABALHA DIARIAMENTE (TRABALHA EM EQUIPE OU INDIVIDUALMENTE)?

VOCÊ ACREDITA QUE ESSA CARREIRA É RENTÁVEL?

VOCÊ ACREDITA QUE É POSSÍVEL CRESCER NESSA CARREIRA?

QUAL CONSELHO VOCÊ DARIA A ALGUÉM QUE ESTÁ PENSANDO EM INGRESSAR NESSA MESMA PROFISSÃO?

OUTRAS PERGUNTAS FEITAS:

ATIVIDADES QUE PODE DESEMPENHAR:

O QUE VOCÊ APRENDEU SOBRE A PROFISSÃO:

ENTREVISTA COM PROFISSIONAIS

➡ ESCOLHA DA CARREIRA

Como escolheu essa profissão?

Passou por alguma orientação de carreira?

Sua família interferiu de alguma maneira nessa escolha? De que outras formas você foi influenciado?

Você pesquisou sobre sua profissão antes de ingressar na faculdade ou no mercado de trabalho? O que pesquisou/descobriu?

Quais eram suas outras opções?

➡️ O DIA A DIA DA PROFISSÃO

Como é o dia a dia na profissão que escolheu?

Quais atividades você costuma desempenhar?

Em quais delas você encontra mais dificuldades?

Quais são as atividades que mais gosta de fazer?

Quanto tempo você trabalha por dia?

Você costuma trabalhar em finais de semana e feriados?

É possível crescer e evoluir para outros cargos nessa profissão?

Quais são seus planos futuros para sua carreira?

REALIZAÇÃO

Você se sente realizado com a profissão que escolheu?

Em algum momento você se arrependeu da sua escolha?

Em algum momento você pensou em desistir?

Se você pudesse voltar no tempo, o que não repetiria? E o que repetiria com certeza?

Quais características e aspectos você mudaria na profissão ou nas atividades que desempenha?

➡ RENDA

Considera sua carreira rentável?

Você ganha hoje o que desejava ganhar?

O que você mudaria em sua renda?

COMPETÊNCIAS TÉCNICAS

Quais competências técnicas são necessárias no seu dia a dia?

O que você aprendeu na faculdade, mas nunca precisou usar?

O que você precisou na sua profissão, mas não aprendeu na faculdade?

O que mais gostaria de ter aprendido na faculdade?

COMPETÊNCIAS EMOCIONAIS

Quais competências emocionais são necessárias no seu dia a dia?

Quais dessas competências emocionais você acha que ainda precisa desenvolver?

Quais seriam, no seu trabalho, as consequências do não desenvolvimento dessas competências?

 **RELACIONAMENTOS**

Com quantas pessoas você trabalha?

Como são as pessoas com quem você trabalha?

Como é o seu relacionamento com essas pessoas?

Como é o seu relacionamento com quem está hierarquicamente acima de você?

Como é o seu relacionamento com quem está hierarquicamente abaixo de você?

Quais pessoas ajudaram a ingressar nessa carreira?

EXPECTATIVAS

Quais expectativas você tinha quanto a essa profissão que se confirmaram?

_____
_____
_____

Quais expectativas tinha que não se confirmaram?

_____
_____
_____

Você acredita que sua profissão é respeitada pela sociedade?

_____
_____
_____

Existe uma fiscalização da sua profissão?

_____
_____
_____

Quais conselhos você daria a alguém que pensa em ingressar nessa carreira ou no mesmo curso?

_____
_____
_____

Para mais exercícios e conteúdos em áudio e vídeo exclusivos da nossa plataforma de orientação de carreira,
ACESSE: carreiras.goowit.com

Para acessar, basta colocar a câmera do seu smartphone sobre o QR code ao lado.

Capítulo 6 - Estratégia | **177**

DICA DE FILME:

CAPITÃO AMÉRICA: O PRIMEIRO A TENTAR

Década de 1930. Em meio ao caos da Segunda Guerra Mundial, jovens americanos tentam participar do combate como demonstração de patriotismo. Um desses jovens, Steve Rogers, sabe que não tem chances de entrar para a infantaria: sua magreza e fraqueza não permitem o alistamento. Apesar disso, Steve não desiste de tentar participar do confronto. Com a ajuda do seu amigo Bucky Barnes, ele consegue um alistamento e segue para o front.

Os dias não são fáceis. A inabilidade de Steve fica evidente com o passar do tempo. Porém, dois aspectos o diferenciam de todos os outros soldados: suas bravura e honra. Esses eram os combustíveis para Steve. Até que uma oportunidade única surge na vida do honrado soldado: a oportunidade de testar um soro que poderia acabar de vez com a Guerra, o soro do super soldado.

O que impressiona em Steve e na sua jornada são os desafios que ele enfrenta. A dificuldade e a grandiosidade aumentam em cada confronto, e, mesmo antes de tornar-se o Capitão América, Steve jogou-se sobre uma granada para salvar seus colegas. Ele não apenas agia, mas agia certo. Não foi à toa que logo se tornou líder de seu batalhão e, posteriormente, dos Vingadores.

Teria Steve planejado sua vida futura de maneira tão precisa? Certamente foi sua vontade de se tornar um militar e de ajudar os Estados Unidos no confronto que o levou à Guerra e a um patamar extraordinário.

ANOTE AQUI AS COISAS MAIS IMPORTANTES QUE VOCÊ APRENDEU COM O FILME.

SOFT SKILLS: AS HABILIDADES DO FUTURO

Gostaria de começar este capítulo com uma pergunta sincera: onde você se imagina trabalhando nos próximos 6 anos? Conforme você já vem percebendo na leitura, estamos tentando demonstrar como sua escolha de carreira pode ser precisa, ao mesmo tempo que aproveita a jornada.

É provável que você julgue este capítulo um pouco mais técnico do que os anteriores, que traziam mais exercícios práticos, e nós concordamos. No entanto, não podemos deixar de explicar as mudanças constantes e velozes que o mercado de trabalho está sofrendo e que está dando uma nova cara para o trabalho e para as relações pessoais.

Em nossos estudos diários, percebemos que algo estava sofrendo uma transformação silenciosa. É simples perceber essas mudanças: quando você toma um ônibus e já não percebe que não há mais uma pessoa ocupando o lugar do cobrador de ônibus, ou quando está no supermercado e os caixas eletrônicos já não contam com um funcionário passando para registrar e cobrar suas compras. Esses exemplos triviais já mostram uma nuance do novo cenário do mercado de trabalho:

AS HABILIDADES *técnicas* não são **mais capazes de manter** *funcionários* em seus postos de TRABALHO.

Não queremos dizer com isso que elas perderam sua importância. Na verdade, outras competências estão sendo requeridas para aquele profissional que deseja sair na frente. Ou seja, é mais do que urgente aliar a bagagem técnica com uma base emocional e relacional forte. E quais habilidades são essas?

São as *soft skills* que entram no assunto como um grande e importantíssimo complemento profissional: elas são as habilidades comportamentais que estão marcando o século XXI e estão fazendo os grandes profissionais voltarem aos estudos e treinamentos mais importantes do país. Para sua sorte, nós temos esse arsenal disponível nas próximas páginas e estamos juntos para aprender como desenvolver essas habilidades ao longo do livro.

De acordo com o Instituto Brasileiro de Geografia Estatística (IBGE), com base nos dados da Pesquisa Nacional por Amostra de Domicílio (PNAD), do primeiro trimestre de 2017, 23,6 milhões de jovens, entre 18 e 24 anos, estão desempregados. Você consegue imaginar a magnitude dessa situação? São 284 mil estádios do Maracanã lotados. Inacreditável!

E essa realidade pode estar bem perto e você não notou: já percebeu como os processos seletivos estão ficando mais concorridos? É justamente porque os candidatos estão fazendo de tudo por uma vaga, seja uma pós-graduação, MBA, intercâmbios, ou cursos abertos e importantes para uma formação acadêmica robusta.

Isso tudo é importante, sem dúvidas. Contudo, precisamos deixar uma coisa bastante clara e queremos que você não a esqueça: **CURRÍCULO NÃO É TUDO!**

Estamos esquecendo que acumular diplomas não é a única saída para o crescimento profissional. Insistiremos nessa tecla. Não se preocupe! Agora vamos explicar o que são as *soft skills*.

Desenvolvido por profissionais de recursos humanos para definir características subjetivas, o termo *soft skills* nomeia aquelas qualidades que surgiram de acordo com a criação, a educação, as experiências, a cultura, entre outros fatores. Ao con-

Capítulo 7 - *Soft Skills*: as habilidades do futuro | 183

trário das *hard skills*, que são as habilidades ensinadas em uma profissionalização, ou desenvolvidas durante o curso, com livros e apostilas, e no ambiente de trabalho.

As *hard* são avaliadas durante os processos seletivos e comparadas com as dos outros candidatos em entrevistas e testes. Sabendo disso, é importante destacar que as *hard skills* não podem ser as principais formas de análise de competências profissionais e mostraremos o porquê.

EM RESUMO:

hard skills são habilidades técnicas, enquanto as *soft skills* são habilidades comportamentais.

O quadro a seguir exemplifica as definições que acabamos de apresentar. Você pode perceber como as *soft skills* estão ligadas ao seu comportamento. Em contrapartida, as *hard skills* giram em torno de nossa técnica e ação sobre algo.

SOFT SKILLS	HARD SKILLS
Solução de problemas complexos	Cursos técnicos
Pensamento crítico	Graduação
Criatividade	Cursos de extensão
Gestão de pessoas	Compreensão de língua estrangeira
Relacionamento interpessoal	Especializações
Inteligência emocional	Mestrado
Julgamento e tomada de decisão	Doutorado
Orientação de serviço	Conhecimentos de programação
Negociação	Operações com máquinas
Flexibilidade cognitiva	Lógica

Entretanto, aí, você pode estar se perguntando: como as *soft* e as *hard skills* são percebidas na prática?

Para responder a essa pergunta, precisamos imaginar o processo de seleção de uma empresa. Se ainda não passou por esse momento decisivo, não se preocupe, ele ainda virá algumas vezes ao longo de sua jornada profissional, o que nossas próprias vidas podem afirmar.

Tradicionalmente, suas etapas são baseadas apenas na análise do currículo, composto pelas competências técnicas, como graduação e cursos complementares. Porém, nas etapas de entrevista, dinâmica, apresentações públicas, treinamentos, situações criadas para ver como a pessoa age, não é o seu currículo que será analisado, mas suas atitudes. Em vez de na técnica, esse momento é focado no comportamento.

O QUE PERCEBE COM ISSO? ESCREVA AQUI SUAS PRIMEIRAS REFLEXÕES.

Na prática, está havendo uma desunião entre as hard e as soft skills, partes que deveriam andar em conjunto durante todo o processo de avaliação do candidato. Ressaltamos que essa desunião requer uma observação mais profunda das empresas.

Se você já teve de responder perguntas como "Qual a sua maior qualidade? Qual o seu maior defeito?", e sua reação foi de espanto, incertezas e receio quanto ao que responder, você sabe do que estou falando. Se ainda não passou por isso durante uma entrevista, esperamos que não passe.

Agora, nós o convidamos a descobrirmos juntos as 13 *soft skills* que precisam ser compartilhadas em casa, na escola, na vizinhança, na rua onde moramos, e não apenas no trabalho. Elas foram descritas pelo Fórum Econômico Mundial, em 2017, em relatório apresentado ao mundo que as mudanças em curso necessitarão não apenas de conhecimento técnico, mas de um desenvolvimento comportamental profundo daqueles que ainda desejam se desenvolver.

Como um bônus, acrescentaremos outras três habilidades comportamentais que julgamos ser de suma importância que você as desenvolva. Você está preparado para essa transformação?

13 *SOFT SKILLS* DO PROFISSIONAL DO FUTURO NO PRESENTE

1

Inteligência emocional (as principais *soft skills*)

Nossa primeira soft skill é a Inteligência Emocional (IE), ou, simplesmente o equilíbrio entre os lados racional e emocional do cérebro. É como você consegue lidar com situações cotidianas mantendo a alta performance e propondo soluções.

O conceito foi popularizado a partir de 1995 com o livro *Inteligência emocional*, do psicólogo e pesquisador Daniel Goleman. Porém, ouve-se falar nesse aspecto da inteligência desde 1960. Desde então, a IE é assunto de pesquisas e produções acadêmicas em todo o mundo e chega até você por meio deste livro.

Didaticamente, nosso cérebro é dividido em dois hemisférios: o esquerdo comporta o pensamento racional e o direito conta com o pensamento emocional. A questão central não está em entender essa divisão, mas, infelizmente, em nosso condicionamento desde crianças que nos leva a desenvolver apenas um desses hemisférios, o esquerdo.

Você já ouviu falar em *logos* e *phatos*? O primeiro significa lógica e o segundo emoção. Quando colocamos maior ênfase no logos, tornamo-nos racionais demais diante de situações que exigem maior emoção. E com "emoção" não quero dizer descontrole, na verdade, é o controle máximo do que é capaz de realizar que a emoção proporciona àqueles que a desenvolvem.

Vamos contar uma história para clarear essa explicação. Uma pessoa necessita demonstrar afeto para seus familiares, mas ela não está falando com um de seus irmãos. Usando o logos, a racionalidade, essa pessoa não demonstrará afeto nenhum, simplesmente ignorará seu irmão e seguirá com a vida. Você acha que essa situação é a mais adequada? Na verdade, o pathos deveria ter sido "ativado" nessa situação, e as desavenças deveriam ter sido sanadas com o diálogo entre irmãos. Percebe? De um lado temos a racionalidade atuando de maneira lógica; de outro, temos a emoção, necessitando ter uma vazão e não se calar.

A IE é a capacidade humana de se conectar consigo mesmo e com os outros e ter o melhor dessas reações, gerando, assim, harmonia, produtividade individual e sinergia produtiva. Sua idealização dá-se pela inadequação dos padrões de qualificação técnica fixados na inteligência racional, que demonstram não serem suficientes para lidar com as tribulações e os desafios que agitam a vida contemporânea nas grandes metrópoles.

> **"Um indivíduo inteligente é aquele que consegue identificar as emoções com mais facilidade."**
>
> **Paulo Vieira**

RESPONDA ÀS PERGUNTAS A SEGUIR, ESCOLHENDO DE 0 A 10.

Como estão as suas emoções?

Você está conseguindo controlar suas emoções?

Segundo Goleman, uma das grandes vantagens das pessoas com Inteligência Emocional é a capacidade de ela se automotivar e seguir em frente, apesar de algumas frustrações e desilusões que ela terá no meio do caminho. Contudo, não fica apenas nisso. É possível ainda desenvolver:

- O controle de impulsos.
- Canalização de emoções.
- Motivação das pessoas ao seu redor.
- Prática de gratidão.

Preste atenção agora em como essa habilidade pode ser dividida em cinco características específicas. Enquanto estiver lendo, marque de 0 a 10 o quanto acha que cada habilidade está desenvolvida em você. Esses números são importantes para que você continue adquirindo autoconhecimento.

Autoconhecimento emocional

A emoção é intrínseca a cada um de nós. O grande desafio nessa capacidade é aprender a ouvir e a conhecer os nossos próprios defeitos, erros e sinais de mudança. Leva tempo, mas, como somos dotados de sentimentos, uma hora conseguimos atingir o que queremos.

Automotivação

É a nossa capacidade de redirecionar um sentimento para algum ganho pessoal. É importante manter a serenidade no momento de realizar algumas atividades profissionais para que se alcance aquela sensação de dever cumprido.

Controle emocional

Conhecer os sentimentos é o primeiro passo. Em seguida, temos de saber lidar com eles. Com isso, podemos ter o real domínio de nossas vidas e podemos estar no controle das emoções.

Desenvolver relacionamentos interpessoais

As trocas e as interações são frutos da nossa capacidade de gerir o sentimento do outro. Sem relacionamentos, não existiria sociedade nem todos elementos positivos e negativos que esse compartilhamento de emoções permite. É preciso sentir, escutar, permitir-se a conhecer.

Empatia

Olhar sem julgamento e entender o que levou alguém a agir de determinada forma, mesmo que você discorde dela, é um passo para que a pessoa não se sinta retraída.

O controle dessas emoções pode ser considerado um dos principais trunfos para o sucesso profissional e pessoal, uma vez que a pessoa pode se concentrar mais no trabalho e finalizar as suas atividades, mesmo se se sentir ansiosa ou triste com alguma coisa.

Agora, se você está se perguntando como desenvolver a Inteligência Emocional, chegou o momento de aprender.

Como todos nós sabemos, a vida é cheia de desafios, metas, reuniões, prazos, questões de saúde, família, filhos, relacionamentos etc. A partir disso, somos obrigados a tomar inúmeras decisões. Esse contexto, que pode ser muito desgastante e estressante, é gerado porque as emoções estão em toda parte.

Isso ocorre porque o cérebro emocional é mais rápido do que o racional, o que faz o ser humano sempre levar as emoções em consideração, ao passo que a sua razão continua analisando e pensando.

Por isso, entender que somos motivados pela emoção é o primeiro grande passo para começar a desenvolver a Inteligência Emocional. Os tópicos a seguir apresentam os principais benefícios de desenvolver a IE em nossas atividades cotidianas, entre elas, o estudo.

- Aumento da autoestima e autoconfiança.
- Aumento do nível de felicidade.
- Aumento do nível de comprometimento com metas de vida.
- Aumento da qualidade de vida, mais disposição, vitalidade e bem-estar.
- Clareza nos objetivos e ações.
- Compreensão da visão de mundo e dos sentimentos das outras pessoas.
- Desenvolvimento da comunicação e poder de influência.
- Direcionamento competente das emoções.
- Diminuição dos níveis de estresse.
- Enriquecimento dos relacionamentos interpessoais.
- Maior realização pessoal, familiar e profissional.

- Melhora na comunicação e em seu poder de influência.
- Melhora na capacidade de tomada de decisão.
- Melhor administração do tempo e melhora significativa da produtividade.
- Redução de conflitos em relacionamentos interpessoais.
- Senso de responsabilidade e melhor visão de futuro.
- Superação de barreiras.

Situações de humilhação, notas baixas, ofensas, metas não alcançadas, discordar de alguém em casa, na escola, ou no trabalho são apenas alguns dos exemplos mais comuns em que as suas reações podem ser falhas.

 Alguma situação de sua vida se aproxima disso?

Como ainda deve estar em um ambiente escolar, precisa saber que há alguns anos o teste de QI deixou de ser a melhor medida para avaliar as capacidades de uma pessoa. Ter um alto QI não significa que será bem-sucedido na vida.

Agora, é preciso pensar no desenvolvimento do seu QI junto com o seu QE (coeficiente emocional).

Como você pode desenvolver a Inteligência emocional

- Comece a observar o seu comportamento e refletir sobre sua emoção.
- Desenvolva sua empatia.
- Encontre maneiras de dominar as suas emoções (exercícios de controle da respiração podem ajudar).
- Lide melhor com os seus sentimentos negativos.
- Pratique a resiliência.
- Trabalhe a sua autoestima.

Você deve conhecer o maior treinamento de inteligência emocional do mundo que eu, Paulo Vieira, oferto mensalmente em várias cidades do Brasil, o Método CIS®. Nesse evento imersivo de 3 dias e 50 horas de carga horária, eu treino mais de 5 mil pessoas a cada edição, em busca do desenvolvimento de sua inteligência emocional de maneira saudável e estruturada.

Essas atitudes também estão presentes no treinamento e permitem que as pessoas visem o desenvolvimento de sua IE de maneira saudável, equilibrando razão e emoção, eliminando as emoções negativas e acabando com aquilo que as impede de conquistar os seus objetivos.

Como já percebeu, o autoconhecimento é o primeiro passo dessa jornada. Compreendendo nossas emoções, aprendemos também a reconhecer e a lidar com nossos pontos fracos, de modo que eles possam ser aceitos e executados, não apenas omitidos. Já nos pontos fortes, o fortalecimento é o principal benefício. Você saber no que você é bom permite que você o pratique e seja ainda melhor. Conheça-se!

E só a partir disso é que fica mais fácil a obtenção dos resultados que você tanto espera. Sabendo que você pode se fazer mais presente na sociedade, sem prejudicá-la, você precisará, sim, da IE para criar novos vínculos e conexões com os outros.

É inevitável que a relação entre a IE e a satisfação pessoal seja direta. Quanto maior for uma, maior também será a outra. Quanto mais você consegue entender e controlar os seus sentimentos, é claramente possível que passe a controlar sua vida, sendo o verdadeiro ator dela. É natural que, com o tempo, o sentimento de bem-estar ganhe forças.

Exercício

A ferramenta Avaliação Multidirecional de Inteligência Emocional foi elaborada com base nas competências emocionais defendidas por Daniel Goleman, PhD pela Universidade de Harvard, em sua obra seminal. Nessa obra, o autor mostra por que pessoas de QI alto nem sempre têm grandes resultados, e outras, cujo quociente é mais modesto, apresentam uma trajetória de vida de sucesso. A obra ainda ganha relevância ao discutir o paradigma genético da inteligência. Para o cientista, a inteligência está ligada à forma como negociamos as nossas emoções.

COMPETÊNCIAS EMOCIONAIS PESSOAIS	AVALIAÇÃO (0 A 10)
1) Autoconsciência emocional – Identificar suas próprias emoções e reconhecer o impacto delas nas suas ações e decisões.	
2) Autoavaliação precisa – Conhecer seus próprios limites e possibilidades, sem se supervalorizar ou subestimar.	
3) Autoconfiança – Ter um sólido senso de seu próprio valor, capacidades e potencial.	
4) Autocontrole emocional – Manter emoções e impulsos destrutivos sob controle.	
5) Superação – Demonstrar ímpeto para melhorar o desempenho a fim de satisfazer padrões interiores de excelência.	
6) Iniciativa – Estar sempre de prontidão para agir e aproveitar oportunidades.	
7) Transparência – Ser honesto, íntegro, digno de confiança.	
8) Adaptabilidade – Flexibilidade na adaptação a pessoas com estilos diferentes e a situações voláteis ou ao pensar e comportar-se em situações antagônicas.	
9) Otimismo – Ver o lado bom dos acontecimentos em qualquer situação.	
TOTAL	

COMPETÊNCIAS EMOCIONAIS SOCIAIS	AVALIAÇÃO (0 A 10)
1) Empatia – Perceber as emoções alheias, compreender seus pontos de vista e interessar-se por suas preocupações.	
2) Consciência organizacional – Identificar e compreender as tendências, redes de decisão e a política em nível organizacional.	
3) Serviço – Reconhecer e satisfazer as necessidades dos subordinados e clientes, servindo-os e ajudando-os a melhorar seu desempenho e a alcançar seus objetivos.	
4) Liderança inspiradora – Orientar e motivar com uma visão instigante, conduzindo pessoas a objetivos de ganhos mútuos.	
5) Influência – Dispor da capacidade de persuadir e influenciar pessoas.	
6) Desenvolvimento dos demais – Cultivar as capacidades alheias por meios de feedbacks e orientação.	
7) Catalisação de mudanças – Iniciar e gerenciar mudanças e liderar pessoas em uma nova direção.	
8) Gerenciamento de conflitos – Solucionar divergências entre pessoas, levando-as à integração e à aceitação mútua.	
9) Trabalho em equipe – Conquistar a colaboração e o trabalho em equipe com alto desempenho.	
TOTAL	

AVALIAÇÃO MULTIDIRECIONAL DE INTELIGÊNCIA EMOCIONAL

QUOCIENTE EMOCIONAL

Competências emocionais PESSOAIS (total) ⟶

Competências emocionais SOCIAIS (total) ⟶   **+**

TOTAL GERAL

Desenvolver

habilidades comportamentais

já é um FATOR DECISIVO

no momento do

recrutamento para seu

próximo emprego.

2. Solução de problemas complexos

Segundo o relatório do Fórum Econômico Mundial de 2016, 36% de todos os empregos exigirão a habilidade de resolução de problemas complexos como critérios de seleção para vagas. Ela é representada pela capacidade de percepção e criação de estratégias efetivas para finalizar situações mal definidas em cenários do mundo empresarial e da rotina. Cuidado, inclusive, para não migrar de um processo de resolução para outro problema.

RESPONDA, DE 0 A 10, QUAL O SEU NÍVEL PARA AS PERGUNTAS A SEGUIR.

Consigo planejar minhas atividades diárias?

Desenvolvo trabalhos satisfatórios com meus colegas em sala de aula?

Percebo quando as soluções dos problemas não estão dando resultado?

Pesquisando, reunindo as equipes para treinar a sugestão de ações, considerando múltiplas categorias, consultando opiniões relevantes e treinando a solução objetiva de problemas sobre várias perspectivas, o indivíduo começa o desenvolvimento dessa habilidade.

É tudo prática.

Ler, estudar, manter-se informado sobre as estratégias também o ajudam a crescer e a se destacar diante de um problema complexo.

Tenha a consciência de que essa habilidade é diferente da função de "tarefeiro", por exemplo, que sua dinâmica é apenas fazer, fazer e fazer sem refletir muito no que está entregando. Ou um estudante resolvendo as atividades de maneira mecânica, dando importância ao resultado, sem considerar o aprendizado. Ele sai fazendo aquilo que pedem, sem refletir em uma ação diferente da que faz na rotina. Por isso é preciso se perguntar:

- Quem está fazendo a atividade é de fato a melhor pessoa para resolver problemas complexos?
- Esse profissional é treinado técnica e emocionalmente para a função?
- Ele sabe os porquês do que está fazendo?

Agora que você já sabe como se comporta um profissional tarefeiro, eu pergunto quais as principais decisões em relação a:

COMO ALTERAR ESSE PAPEL EM MINHA ROTINA?

COMO POSSO ME TORNAR UM SOLUCIONADOR DE PROBLEMAS COMPLEXOS?

3. Pensamento crítico

É a filtragem do que é caos e do que não é. Ter pensamento crítico é a capacidade de estruturar de maneira clara as estratégias e as ideias antes de tomar alguma atitude. É o fôlego profundo da filtragem do que é essencial naquele momento específico. A demanda por um pensamento crítico e analítico aumentará substancialmente, uma vez que as empresas do futuro procuram de modo constante como ser flexíveis e ágeis.

Sabe quando nos encontramos diante de um assunto polêmico e que pede um pensamento ainda mais profundo que os demais? A ideia é a mesma. Para isso é preciso ler, assistir, escutar e participar de todas as ideias debatidas para que, posteriormente, seja possível desenvolver o senso crítico que é valorizado. A aprendizagem não pode parar! Em situações como essa, a bagagem que uma pessoa tem é tudo!

Na escola ou na faculdade, por exemplo, destaca-se aquele que já consumiu inúmeros materiais sobre a pauta debatida em grupo. Quer ser lembrado? Então pense em como oferecer uma solução contrária do que a maioria aponta. Responderemos a mais algumas perguntas de 0 a 10.

Naquele trabalho, em que todos os envolvidos atuam no piloto automático, o quanto tem pensamento crítico?

O quanto está desenvolvendo outros pontos de vista?

QUAIS SUAS DECISÕES DIANTE DO RESULTADO?

_____
_____
_____
_____
_____

4. Criatividade

Apesar de ser um grande desafio para a maioria, a criatividade é uma importante atitude se o indivíduo quer fazer parte da indústria 4.0 que está em andamento. Em um mercado competitivo como este que vivemos, quem se mostra mais sagaz na elaboração de soluções da forma mais inovadora e rápida possível terá, sem dúvida alguma, a preferência das empresas.

➡ RESPONDA DE 0 A 10:

O quanto estou desenvolvendo minha criatividade?

O quanto fico presente em ambientes criativos?

A parte divertida é que podemos desenvolver a criatividade conhecendo a nossa profissão, escutando os mestres e estudando os cases de sucesso. Eu, Paulo Vieira, na jornada para entender como os grandes consultores de negócios trabalhavam, investi em uma jornada de aprendizado que envolveu 14 cursos em todo o Brasil e a leitura de 69 livros em 6 meses.

Você pode chamar isso de insano, eu chamo de autorresponsabilidade! É só estudando muito que um funcionário se torna criativo o suficiente para oferecer as mais distintas resoluções de problemas quando as coisas apertam.

Um funcionário criativo que oferece distintas resoluções de problemas, quando as coisas se tornam difíceis, tende a ter um grande desenvolvimento na empresa em que trabalha. Contudo, de novo: conheçam o mundo onde vivem. Não consumam sempre o mesmo autor, filmes, músicas e lugares. Permitam-se explorar o que é diferente também, tenham um repertório diversificado. Um aluno só se destaca na escola quando ele entende que criatividade não é criar coisas novas, e sim combinar ideias já existentes.

ESCREVA A SEGUIR SUAS PRINCIPAIS DECISÕES APÓS A LEITURA DESTE TÓPICO:

5
Gestão de pessoas

"Autorresponsabilidade" é um termo cunhado por mim, Paulo Vieira, sobre o qual falo mais no livro lançado em 2018, *O poder da autorresponsabilidade*. Seu conceito é muito simples: ele é a crença de que uma pessoa é a única responsável pela vida que tem levado, sendo assim, é a única que pode mudá-la. Sabendo disso, o indivíduo pode ter controle o suficiente para dominar a gestão de pessoas. Se é difícil conhecer alguém que tem controle de suas próprias emoções, imagine só como deve ser gerir outras pessoas nos mais variados ambientes de trabalho.

De acordo com o professor Mario Sergio Cortella, a gestão de pessoas conserta a pluralidade de competências e possibilita que isso eleve o objetivo e a visão que a organização tenha. No livro *Liderança em foco* (CORTELLA; MUSSAK, 2009), ele afirma que gestor é aquele que executa essas ações com liderança. O filósofo destaca que com o manejo de estoque de conhecimento, implícito ou explícito, é possível ter um diferencial mais robusto que os demais.

Para o professor, liderar é o exercício de um poder e é uma tarefa de servir, não de ser servido. Cortella enfatiza o quão importante é o gestor de pessoas ter autoridade em um serviço necessário, em que exista uma compreensão do coletivo. Em outras palavras: é um por todos e todos por um! Para ter gestão, o indivíduo deve ter total aptidão de seu pensamento criativo, empatia e resiliência (CORTELLA; MUSSAK, 2009).

Com essa receita, a gestão de pessoas funciona. A boa comunicação e a criatividade também entram no pacote de características de uma liderança, principalmente por servirem como pilares para um time responsável que trabalha com a velocidade adequada. Por exemplo, no momento de aprendizado escolar, o aluno se desenvolve como líder de sala que, durante um ano, coordena os projetos da turma.

ESCREVA A SEGUIR SUAS PRINCIPAIS DECISÕES APÓS A LEITURA DESTE TÓPICO:

6. Relacionamento interpessoal

Estudado pelo sociólogo Agostinho Minicucci, o relacionamento interpessoal é conhecido por ter vários derivados, como habilidades de gerenciamento de encontros em uma sociedade (MINICUCCI, 1987). A *soft* condiz com a eficácia na construção de confiança. Ela funciona para a pessoa que trabalha com empatia emocional e se interessa por todos os aspectos e setores de uma equipe. É a persona mais presente, disposta a conhecer as áreas e os colegas de trabalho.

Nesse contexto das organizações, o relacionamento interpessoal tem extrema importância, logo contribui para um bom ambiente interno da empresa, o que pode resultar em aumento de produtividade. No trabalho ou na sala de aula, esse tipo de relacionamento saudável entre as pessoas é alcançado quando elas conhecem a si mesmas, quando são capazes de praticar a empatia e quando expressam as suas opiniões de maneira clara.

Em uma faculdade, por exemplo, um estudante pode colocar disciplinas optativas de outros cursos na sua formação só pela experiência de conhecer novos ambientes, outros estudantes e um universo ainda mais expansivo do que aquele que ele escolheu estudar nos 4 ou 5 anos seguintes. As disciplinas optativas servem, nesse caso, como um complemento do curso e para que o estudante reflita e conheça sobre outros, desenvolvendo essa habilidade de relacionamento interpessoal.

ESCREVA A SEGUIR SUAS PRINCIPAIS DECISÕES APÓS A LEITURA DESTE TÓPICO:

7. Julgamento e tomada de decisão

Aqui é importante usar a capacidade analítica para tomar decisões. Com uma boa análise de cenários e acompanhamento dos resultados, seguidos de uma autoavaliação, o indivíduo garante para si a experiência necessária para decidir com segurança e autoridade.

Conhecendo-se e tendo visão completa do trabalho da equipe, é possível que o funcionário tome as melhores decisões. É preciso ter sabedoria o suficiente para não tomar atitudes precipitadas e não se arrepender. O pulso forte, em casos como esse, funciona para organizar a equipe do melhor modo possível. Em certas ocasiões, o funcionário ou o colega de trabalho não aprova a decisão, sobretudo quando isso pode desfavorecê-lo. Para evitar esse problema, é preciso dialogar e explicar para deixar claro o que quer, uma vez que só por meio da boa comunicação é possível se evitar problemas.

A todo momento, em nossas vidas, exercemos a capacidade de julgar e escolher; do que comer até aonde ir e o que fazer. Apesar do caráter banal dessa habilidade, sem ela não seria possível ler este livro, ou escolher quais conteúdos se adequam mais a sua vida. De toda forma, essa habilidade é encontrada de maneira clara nos ambientes de gestão, nos quais os líderes precisam tomar decisões que muitas vezes exigem análises de diversos cenários e perspectivas em que um lado sempre sairá perdendo, como um processo de admissão ou demissão, ou uma gestão de crise.

ESCREVA A SEGUIR SUAS PRINCIPAIS DECISÕES APÓS A LEITURA DESTE TÓPICO:

8
Orientação de serviço

Os profissionais que têm essa habilidade são os mais capacitados para ajudar os outros em qualquer cenário, favorável ou adverso; nutrem bastante empatia e um desejo intrínseco de auxiliar em resultados melhores para todos os envolvidos. A resolução das atividades acaba tornando as empresas ainda mais eficientes. Esse valor fideliza o consumidor e garante um serviço promissor para ambas as partes. Com a orientação apropriada, o profissional é reconhecido pelo potencial de realizar novas ações e pela capacidade de executá-las com maestria.

Capítulo 7 - *Soft Skills*: as habilidades do futuro | **203**

Para o desenvolvimento pleno dessa habilidade, é preciso ter o desejo não apenas de contribuir com o próximo, fazendo de si um mero personagem no jogo da vida, mas também é preciso querer crescer como indivíduo ou como funcionário, em qualquer área de sua vida.

 DE 0 A 10, RESPONDA ÀS PERGUNTAS A SEGUIR.

O quanto você tem crescido e contribuído para o crescimento alheio?

O quanto você expandiu seus relacionamentos pessoais e profissionais?

O quanto você melhorou os relacionamentos que já tinha?

Você está mais forte emocionalmente?

As respostas serão verdadeiros norteadores para suas próximas ações e desafios. Não tenha dúvida de que compreendendo e praticando esse movimento de ação e reação, você perceberá como o equilíbrio será predominante em sua vida.

9. Negociação

Já notaram como negociamos o tempo todo? O hábito de vender sempre acompanhou o crescimento do mundo moderno. Vendemos ideias, produtos, serviços, atividades, pontos de vista, fundamentações e buscamos meios de negócio. Isso mostra como o tempo em que técnicas de negociação eram apenas para a equipe de vendas ficou para trás.

A flexibilidade dos processos de trabalho está criando um cenário diferente daquele a que já estamos acostumados dentro das empresas. O cenário atual mostra que as áreas e os processos estão interconectados e todos os profissionais fazem um pouco de tudo, agregando sua competência à do colega ao lado e criando um fluxo superior de acertos.

É essencial desenvolvermos a capacidade de negociação para vencermos uma objeção e corresponder às nossas metas e objetivos.

ESCREVA A SEGUIR SUAS PRINCIPAIS DECISÕES APÓS A LEITURA DESTE TÓPICO:

_____

_____

_____

_____

_____

10. Flexibilidade cognitiva

Essa habilidade diz respeito ao esforço e ao interesse em aprender sobre os assuntos mais diversos dentro e fora da empresa, independentemente da área de atuação do indivíduo. É quando um médico, por exemplo, estuda sobre marketing digital para se autopromover, ou um jornalista cursar cinema para se tornar um perito da área. Trata-se de uma habilidade ligada ao desenvolvimento e à combinação de regras e procedimentos, algumas novas, trazendo resultados diferenciais no mercado.

São assuntos não ligados à profissão, mas que, de uma forma ou de outra, podem acrescentar à sua formação, além de ressignificarem alguns elementos do mundo corporativo.

Nos Estados Unidos, por exemplo, essa cultura é bastante difundida no meio acadêmico, quando estudantes fazem cursos nas férias para obterem novos conhecimentos ou participam de laboratórios ou grupos de estudos que fogem à sua área, mas que podem agregar bastante no desenvolvimento de outras capacidades, além da cognitiva.

No Brasil, ainda não chegamos a esse patamar cultural, porém há uma mudança no horizonte com cada vez mais conteúdo disponível na internet, aulas, cursos, palestras completos e gratuitos ao alcance de um clique. Esta é a sua chance! O profissional habilitado terá a capacidade de unir a disrupção com a tradição, procurando não causar um conflito de personalidades.

Ao praticar essa habilidade, o indivíduo pode abrir novas possibilidades de gestão, raciocínio e novas oportunidades para inovações no futuro.

ESCREVA A SEGUIR SUAS PRINCIPAIS DECISÕES APÓS A LEITURA DESTE TÓPICO:

11. Comunicação eficaz

Se comunicar é algo muito mais complexo do que falar a mesma língua. É preciso ter isso em mente, visto que através da comunicação conseguimos precisão em nossos desenvolvimentos interpessoais. Por isso que, quando temos um modo eficaz de se comunicar, conseguimos enfatizar um bom diálogo entre interlocutor e receptor, gerando, assim, um entendimento compreensível do que é dito. Assim, garantimos uma assertividade em nosso universo, cheio de momentos importantes, como na sala de aula ou no mercado de trabalho, que exigem uma comunicação precisa para o melhor resultado de carreira.

Consequentemente, se diz "a maioria das profissões exige uma boa comunicação". Erro comum. O correto seria apontar que todas as profissões e funções precisam de uma interação adequada, e apresentam uma comunicação própria dentro de suas características. Uma boa comunicação inclui escutar, escrever bem, saber se portar, compreender o que é dito e realizar trabalhos em equipe. O poder de influenciar nasce desse conjunto de habilidades, inclusive.

ESCREVA A SEGUIR SUAS PRINCIPAIS DECISÕES APÓS A LEITURA DESTE TÓPICO:

12. Resiliência

É a capacidade de se recuperar depois de enfrentar adversidades. É algo que exige o desenvolvimento profundo da Inteligência Emocional. Com essa característica – a resiliência –, a pessoa consegue se adaptar a mudanças, esquecer as tristezas, resistir a pressões e ser o tipo de pessoa que está pronta para lidar com problemas da rotina.

Por essas vantagens, uma pessoa resiliente se tornou requisitada no mercado de trabalho, ainda que seja algo difícil de se encontrar. Quem tem essa aptidão são pessoas que já enfrentaram situações adversas na vida e conseguiram superar.

ESCREVA A SEGUIR SUAS PRINCIPAIS DECISÕES APÓS A LEITURA DESTE TÓPICO:

---

13. Empatia

Considerada insubstituível, a empatia é o que nos torna humanos. É a capacidade de se colocar no lugar de outra pessoa e sentir o que ela sente. Não basta julgar o que alguém fez ou deixou de fazer: é preciso compreender as circunstâncias sociais que o levaram a agir daquela forma. A empatia, nesse caso, necessita funcionar entre todos os grupos, o que garante uma excelência na entrega dos resultados que funcionam por meio de uma equipe.

Ser empático com o próximo revoluciona o modo que enxergamos o dia a dia, uma vez que é durante essas experiências que existe uma construção de relacionamentos poderosos e conexões cada vez mais bem-sucedidas. Em relações nas quais existe uma hierarquia, por exemplo, colocar-se no lugar do outro torna a gestão mais aberta. Já entre clientes, a empatia ajudará a empresa a entender a necessidade do consumidor.

Um dos maiores benefícios em trabalhar com uma pessoa empática é a capacidade dela de lidar com as situações do dia a dia, mesmo estando com raiva, sob estresse ou triste. Isso se chama controle emocional e é possível alcançá-lo por meio da prática de se autoconhecer, reconhecer preconceitos, criar empatia, ser honesto, valorizar os próprios pontos fortes e entender os pontos fracos: admitir o potencial existente dentro de si!

ESCREVA A SEGUIR SUAS PRINCIPAIS DECISÕES APÓS A LEITURA DESTE TÓPICO:

SOFT SKILLS: O POTE DE OURO NO NOVO MERCADO DE TRABALHO

Por todos esses motivos as soft skills estão no centro dos novos modelos de seleção e recrutamento, como mostra o relatório do LinkedIn sobre força de trabalho, publicado em 2018. Os responsáveis pela maior rede social corporativa do mundo colocam entre as quatro mais importantes habilidades para o futuro – ou seria presente? – do mercado de trabalho: a liderança, a comunicação, a colaboração e o gerenciamento de tempo, todas *soft skills*.

Desenvolver habilidades comportamentais já é um fator decisivo no momento do recrutamento para seu próximo emprego. Essa constatação está disponível há mais de 100 anos, quando, em 1918, o professor Charles Rigborg Mann conduziu um estudo que uniu três grandes instituições educacionais americanas – a Harvard University, a Carnegie Foundation e a Stanford Research Center –, olhando para os currículos dos cursos de engenharia. Sua principal descoberta, veja só!, foi que 85% das habilidades que determinam o sucesso no trabalho são *soft skills*. Contudo, são nos 15% restantes – voltados para as *hard skills* –, que ainda se concentraram os esforços dos cursos de engenharia e de tantas outras áreas do conhecimento.

O grande problema é que somos forçados ao comprometimento com as *hard skills* desde a escola. Lembra-se de quando esperou para receber aquela nota muito importante e sentiu que todo o trabalho do semestre poderia ir por água abaixo com uma nota abaixo da média? Esse modelo de notas, que mede apenas as competências técnicas do aluno, cria um ambiente de aprendizagem que deixa de lado

Capítulo 7 - *Soft Skills*: as habilidades do futuro | **209** a sabedoria da bagagem prática. Acabamos ficando como os personagens do filme *Tempos modernos*, de Charles Chaplin, produzindo aos montes sem desenvolver o pensamento crítico necessário para nos tornamos seres humanos melhores.

Com tudo isso, é possível perceber como as soft skills lhe asseguram foco, motivação, produtividade e engajamento nas atividades diárias e proporcionam uma capacidade extraordinária de responder de maneira assertiva em situações cruciais da vida pessoal e profissional? Juntamente com as *hard skills*, as *soft skills* não só fazem de você um profissional preparado para as mudanças que já estão ocorrendo no mercado de trabalho, como também revolucionarão as corporações, tornando-as mais modernas e desenvolvidas, olhando sempre para o melhor que ainda está vindo.

Agora é a sua vez!

Elencamos, nas próximas páginas, outras *soft skills*. A seguir, escreva de 0 a 10 qual é o seu nível de compatibilidade em cada uma delas. Logo depois de preencher a tabela, responda às perguntas.

Área de interesse:
- (   ) Ciências Humanas
- (   ) Ciências Exatas
- (   ) Ciências Naturais
- (   ) Linguagens, Códigos e suas Tecnologias

Comunicação	
Escuta	
Negociação	
Comunicação não verbal	
Persuasão	
Falar em público	
Decifrar pessoas	
Contar histórias	
Comunicação visual	
Adaptabilidade	
Aptidão artística	
Criatividade	
Desejo de aprender	
Flexibilidade	
Inovação	
Pensamento lógico	
Solucionador de problemas	
Pesquisa	
Desenvoltura	
Pensar fora da caixa	
Tolerância a mudanças e incertezas	
Gerenciamento de conflitos	
Solucionador de conflitos	
Fazedor de negócios	
Tomador de decisões	
Delegador de tarefas	
Resolução de conflitos	

Facilitador	
Feedback preciso	
Inspirador	
Gerenciamento	
Gerenciamento de projetos	
Gerenciamento de conversas difíceis	
Gerenciamento de talentos	
Gerenciamento remoto	
Gerenciamento de reuniões	
Mentoria	
Motivação	
Coaching	
Supervisor	
Confidente	
Cooperação	
Cortesia	
Energia	
Entusiasmo	
Simpatia	
Honestidade	
Comicidade	
Paciência	
Respeitabilidade	
Trabalho em grupo	
Aceitar feedback	
Colaboração	
Atendimento ao cliente	
Lidar com situações difíceis	

Lidar com mudanças no ambiente de trabalho	
Inteligência emocional	
Empatia	
Relações interpessoais	
Interculturalidade	
Influência	
Networking	
Ética	
Atenção	
Dedicação	
Confiabilidade	
Colaborador	
Independência	
Multitarefas	
Perseverança	
Planejador	
Pontualidade	
Orientado para os resultados	
Autorresponsável	
Gerenciamento do tempo	
Trabalha bem sob pressão	
Treinável	
Boas atitudes	
Independência	
Gerenciamento de performance	
Capacidade de improvisação	
Consciência de segurança	
Tolerante	

Exercício

O QUANTO É IMPORTANTE PARA SUA VIDA O DESENVOLVIMENTO DAS *SOFT SKILLS*?

_____
_____
_____
_____
_____

O QUANTO VOCÊ TEM VALORIZADO AS *HARD SKILLS*? QUAIS SUAS CONCLUSÕES?

_____
_____
_____
_____
_____

Quer ter acesso a um plano exclusivo para desenvolver suas habilidades? **ACESSE** nossa plataforma de orientação de carreira: **teens.goowit.com**

Para acessar, basta colocar a câmera do seu smartphone sobre o QR code ao lado.

Para mais exercícios e conteúdos em áudio e vídeo exclusivos da nossa plataforma de orientação de carreira, **ACESSE: teens.goowit.com**

Para acessar, basta colocar a câmera do seu smartphone sobre o QR code ao lado.

DETERMINAÇÃO

Ter um sentido, ou encontrar uma razão para fazer as coisas que fazemos, é o que nos alimenta de esperança quando buscamos realizar um sonho ou alcançar um objetivo. Parece algo trivial dizer isto, de tão óbvio: fazer as coisas em razão de um sentido ou de um propósito, não é? No entanto, nem todos percebem assim aquilo que fazem. Muitos, talvez a maioria, estão tão atrelados às rotinas formais de suas próprias vidas, que acabam automatizando tudo e mal se dão conta da falta de sentido ou de perspectiva.

Alguns trabalham com o único intuito de buscar o sustento para a família; outros usam toda a sua força e tempo simplesmente porque não têm outra opção de vida, a não ser encontrar um emprego, qualquer emprego, e passar ali os seus dias, um atrás do outro, sem a menor chance ou perspectiva de mudança.

Outros ainda, em situação lastimável, nem sequer percebem que existe vida além do seu previsível cotidiano. Para estes, buscar sentido, razão de existência, ou o significado da vida, muitas vezes, soa como uma espécie de luxo filosófico. Afinal, a pessoa tem tanta coisa importante para fazer, que pensar na vida, no sentido da vida especificamente, parece até uma zombaria.

Contudo, há situações que surpreendem ainda mais, em que, pelo menos teoricamente, não haveria razões para que isso acontecesse. Por exemplo, um aluno que estuda porque vê no estudo uma obrigação pessoal, ou um herdeiro que se sente obrigado a tocar os negócios da família, mesmo contra a sua vontade, ou a mulher ou homem que se casam em razão de um acordo ou de interesses econômicos ou sociais. São situações estranhas, irrefletidas e, por incrível que pareça, bastante comuns, em que as pessoas se sentem obrigadas a fazer o que não querem, e não conseguem imaginar uma vida diferente da que têm.

Já parou para pensar no porquê faz as coisas que faz? Como as pessoas à sua volta enxergam as próprias vidas? Você consegue encontrar um sentido claro nas suas tarefas, nos seus desejos, nos seus sonhos?

O curioso nisso é que esse comportamento parece ser um traço humano que se repete ao longo de gerações. Em diferentes épocas e lugares, pessoas, às vezes até populações inteiras, passaram suas vidas fazendo coisas para as quais não tinha aptidão alguma, ou sem saber o porquê faziam aquilo, para qual finalidade e até, o que era muito pior, sem querer fazer, mas sendo obrigadas a fazer.

 É um absurdo, não? É triste.

Se pensarmos em épocas ou situações em que essas pessoas não tinham de fato escolha – e, mesmo que tivessem, seriam obrigadas a fazer o que quer que fosse contra sua vontade –, talvez seja possível compreender um pouco esse tipo de comportamento.

Contudo, como explicar isso nos dias de hoje, em que temos à disposição tantos canais de informação, oportunidades incríveis de conhecimento, e, mesmo assim, muitas vezes nos vemos repetindo tarefas sem o menor sentido, atuando como se fôssemos movidos por um piloto automático invisível?

Prova de que essa é uma angústia humana das mais ancestrais, recorremos mais uma vez aos antigos gregos, que, com a riqueza de seus mitos e lendas, também aqui poderão nos ajudar a compreender melhor esse sentimento e nos guiar para a busca de sentido em nossas ações. Veja a história de Sísifo, considerado como o mais astuto dos mortais, cujo castigo a que foi condenado inspirou o ensaio filosófico "O mito de Sísifo", do escritor existencialista Albert Camus.

Há muito tempo, Enarete, esposa de Éolo, rei da Tessália, deu à luz um menino forte e predestinado, cujo nome era Sísifo, considerado pelos próprios deuses o mais astuto dos mortais. Sua fama é conhecida em todo o mundo, em particular pela pena a que foi condenado para toda a eternidade. É considerado um dos maiores ofensores dos deuses.

Sísifo era muito inteligente, cheio de malícias, e em todas as situações que se envolveu tratou de dar um desfecho que sempre lhe foi favorável, à custa de alguma trapaça, que o pusesse em vantagem em relação ao seu oponente.

★ ★

Entre tantas aventuras, a mais notável foi sem dúvida a que começa, certo dia, com o estranho voo de uma grande águia sobre Corinto, a cidade de Sísifo, em cujas garras encontrava-se a bela jovem Egina, filha de Asopo, um deus-rio. Asopo, por sua vez, dando-se conta do sumiço de sua filha, Egina, começou a procurá-la e a indagar em toda parte por seu paradeiro. Sísifo, que tinha visto Egina nas garras da águia, sabia o que tinha acontecido, fez um acordo com o deus-rio Asopo, dizendo-lhe que contaria do rapto de Egina, desde que ele, o deus-rio, providenciasse uma fonte de água permanente para sua cidade, que vivia secas terríveis. O acordo foi cumprido à risca, a cidade recebeu sua fonte e Sísifo contou a Asopo do rapto de sua filha pelo grande Zeus.

Com essa revelação, Sísifo despertou a ira de Zeus, que pediu a Tânatos, o deus da Morte, que levasse o astuto Sísifo para o Hades, o mundo dos mortos. Contudo, Sísifo conseguiu enganar a própria Morte, seduzindo-a por sua vaidade. Ele elogiou sua beleza e pediu para que o deixasse enfeitar seu pescoço com um colar. O colar, na verdade, era uma corrente encantada, com a qual Sísifo manteve a Morte aprisionada por muito tempo.

Capítulo 8 - Determinação | 219

Durante esse período ninguém mais morreu. Logo, porém, novas encrencas surgiram, dessa vez com Hades, que precisava da Morte para consumar suas batalhas, e com Ares, o deus da guerra, que não conseguia mais matar ninguém. Sabendo do que havia acontecido com Tânatos, Hades o liberou e ordenou-lhe que trouxesse Sísifo imediatamente para as mansões da morte. Sísifo, sabendo de seu inevitável destino, ao se despedir da esposa, teve o cuidado de pedir a ela que não enterrasse o seu corpo.

Quando já estava nos braços de Hades, ele reclamou da falta de respeito da esposa, que havia deixado o seu corpo na Terra insepulto. Suplicou então à Morte (Tânatos) que o liberasse por um curto período, para que pudesse castigar a mulher e, assim, cumprir os rituais fúnebres. Hades concedeu o pedido e Tânatos o liberou. E, desse modo, ele voltou ao seu corpo, fugindo depois com a esposa. Era a segunda vez que Sísifo enganava a morte.

Usando de todos os truques para viver, Sísifo acabou morrendo de velhice. Contudo, Zeus não o perdoou. Ele enviou Hermes, o deus mensageiro, para conduzir sua alma ao Hades, e de lá ao Tártaro, um dos reinos mais profundos da morte. Ali ele foi julgado como um grande rebelde e castigado, assim como aconteceu com Prometeu, outro herói mitológico, que havia roubado o fogo do Olimpo, e tantos outros.

Como punição, Sísifo foi condenado, por toda a eternidade, a empurrar uma grande pedra com suas próprias mãos até o cume de uma montanha, mas de modo que a cada vez que ele se encontrasse próximo de alcançar o topo da montanha, a pedra rolava montanha abaixo, até o ponto de partida, o que invalidava todo o esforço despendido por Sísifo, e ele tinha de começar tudo de novo. Por essa razão, a expressão "trabalho de Sísifo" é empregada para denotar tarefas que envolvam esforços longos e repetitivos, e sempre fadados ao fracasso, como um infinito ciclo de trabalhos que, além de nunca levarem a nada de útil ou proveitoso, não permitem quaisquer opções de desistência ou de recusa em fazê-los.

A partir dessa experiência, a existência de Sísifo tornou-se uma realidade absurda, de modo que tudo o que ele fazia não tinha sentido nem propósito. Ele comia, mas permanecia com fome, dormia, mas continuava com sono, suas feridas eram curadas, mas continuavam a doer, assim como o lugar onde vivia, e que ele sempre limpava, mas continuava sempre sujo. Era assim sua sensação da vida, esplendidamente ilustrada na pedra que ele, dia e noite, tinha de levar ao cume da montanha. Os mitos gregos, com o intuito de apresentar uma moral contínua, dotavam os castigos de um sentido eterno de realização. Por exemplo, como no mito de Sísifo quanto à continuidade de uma situação, também Prometeu teve seu fígado devorado, e regenerado, eternamente por um corvo. As transformações eram contínuas, mas não avançavam nunca.

Sísifo convivia diariamente com a pedra caindo e necessitava levá-la de volta para o topo. Essa rotina é o que acontece atualmente com o homem que tem de sair todo o dia e refazer sua jornada. Mesmo que Sísifo não tivesse oportunidade de escolher entre aguentar ou não o castigo, não seguimos esse padrão e podemos construir e seguir nossa rotina de forma abundante.

Já percebeu que os mitos que apresentamos até agora têm em si um caráter trágico que os impulsiona para a vida? E que essa tragédia emerge pela tomada da consciência desses heróis? Na alegoria da caverna, a tragédia acontece quando aqueles homens ali presos não sabem ou não conseguem (ou não aceitam) compartilhar a luz do Sol (a realidade) – optando pelas trevas, pela ignorância, pela zona de conforto. Na Odisseia, Ulisses precisa voltar para casa, mas tem de enfrentar a tragédia de uma jornada permeada de provações – é em um certo sentido a razão de sua sina e o único caminho possível para o seu retorno. E o que falar de Teseu e sua iniciativa de enfrentar um monstro metade homem, metade touro? A tragédia, apesar do ethos (caráter e disposições morais) que carrega, de algo triste, deprimente, carrega uma transformação, algo novo ao humano que dela faz parte. Ademais, há algo que todos esses heróis compartilham: todos procuram ser bem-sucedidos em seus objetivos. Tornando-se conscientes, eles querem superar seus obstáculos, assim como Ulisses quer voltar para a casa, Teseu quer vencer o monstro e Sísifo quer viver. Esse é o sucesso que buscam em suas vidas.

Capítulo 8 - Determinação | 221

Nossa vida não é diferente, desejamos o sucesso em todas áreas em que estamos, no âmbito profissional, familiar e educacional. E com você, como as coisas têm acontecido? Depois de levar a sua pedra até o topo, o que acontece? Ela fica lá, parada? O seu objetivo é alcançado? Você já deve ter se deparado com algum amigo em situações parecidas. Ele faz vários planos de estudo, organiza todo o conteúdo para os dias de prova, dá o máximo de si, mas quando chegam os desafios, quando ele está subindo a montanha e o cume está bem próximo, ele parece perder o controle, e lá se vai a pedra morro abaixo. Isso pode se dar por uma nota ruim depois de um esforço desmedido, decorrente, por exemplo, de um "branco" na hora da prova, ou de uma noite sem dormir, exatamente na véspera do exame, o que o impede de se concentrar na hora do exame. Sem dúvida, temos aqui uma atividade vazia, cujo objetivo nunca se realiza.

Contudo, o que é uma transformação poderosa da realidade? É perceber que a pedra que rola é a mesma que subirá de novo ao topo. Que essa descida tanto pode ser para a tristeza, quanto para a alegria, depende de como cada um enxerga esse movimento e de como reage diante dos infortúnios. Veja o exemplo de um jogador de futebol. Seu objetivo é marcar um gol e vencer a partida contra o adversário. Porém, ainda existe um adversário para vencer dentro de campo e, com certeza, não será algo fácil vencer uma defesa bem postada, ou um goleiro em um dia inspirado, sobretudo porque o oponente, do outro lado do campo, tem o mesmo objetivo. São, aproximadamente, 33% de chances de vitória, 33% de chances de empate e 33% de chances de derrota. Para conseguir três pontos em uma partida, as chances são apenas de 33%. As chances de empate e derrota somam 66%. Ou seja, os números mostram que a tragédia sempre está mais próxima do que o sucesso.

Apesar disso, como acha que as equipes entram em campo? Será que elas jogam pensando nas estatísticas do jogo? Provavelmente não. O que as move é a possibilidade de vencer. Se perderem (e isso é possível), elas treinarão mais durante 1 semana e se prepararão para o próximo confronto. O ciclo é contínuo até a perfeição.

Sísifo usou sua perspicácia para desafiar o status quo dos deuses e viver uma vida à margem de forças poderosas. Por isso mantinha a esperança em fazer o que fazia. Ele tinha poder para escolher o seu próprio caminho, e não seguir o caminho traçado pelos deuses. E assim seguia sua vida. São essas lições que podemos tirar de sua história. O mesmo acontece com o Sol, que apesar de nos aquecer todos os dias, não impede que a noite venha e traga seus sopros gélidos e a escuridão – a qual o homem tratou de enfrentar com suas luzes artificiais. É uma criação humana. Toda história tem muitos lados, descobri-los e reinterpretá-los é um esforço contínuo.

Como afirma Paulo Vieira, "pessoas limitadas perguntam se vão conseguir; pessoas vencedoras perguntam o que vão fazer para conseguir; e super-humanos perguntam quem vão se tornar ao conseguir". A busca do sucesso depende de suas ações e de sua saída da zona de conforto. Conte conosco para transformar o seu esforço em resultados exponenciais.

O PODER DO PROPÓSITO
O QUE É TER UM PROPÓSITO?

É conseguir um futuro confortável? É ser bem-sucedido em sua futura profissão? É construir uma família harmoniosa com todas as opções anteriores?

Para Martin Seligman, o pai da Psicologia Positiva, o senso de propósito está nas respostas a essas perguntas. Segundo ele, esse componente de bem-estar, ou de se estar bem consigo e com os outros, é essencial em diversas culturas e está ligado a um sentimento de felicidade. Em miúdos, é isto: ter um propósito na vida é sentir-se feliz.

Viver começa com a descoberta desse propósito, pois tê-lo será uma verdadeira libertação. E o motivo é simples: **TODA ESCOLHA ESTARÁ JUSTIFICADA, E CADA AÇÃO TERÁ UM MOTIVO SEM QUE SEJA NECESSÁRIA MUITA REFLEXÃO.**

Por exemplo: se uma pessoa tem como propósito cuidar de animais abandonados, não será um sacrifício passar por todo o processo necessário para se tornar veterinária. A escolha por dedicar horários da semana para o trabalho voluntário em uma ONG, em vez de se dedicar apenas na própria clínica, fará todo o sentido.

É preciso saber que cada indivíduo desenvolve o seu propósito pessoal e começa a vivê-lo ainda cedo, mesmo sem percebê-lo. Ou seja, o propósito é seu, e não dos seus pais ou tampouco de seus familiares ou colegas de sala de aula. Mesmo que todos possam ajudar em seu desenvolvimento, não serão eles que farão o esforço necessário para você alcançar o sucesso. Por isso, uma vida não examinada afasta a maioria das pessoas de seus propósitos, deixando-os escondidos por baixo de camadas e mais camadas de sofrimento.

Um propósito pode ser identificado mediante uma visão que representa tudo o que se considera um motivo para viver. Esse sentimento, por sua vez, continua se renovando e se fortalecendo a cada dia enquanto esse propósito não for a principal razão por trás das ações.

O propósito é a âncora que manterá o indivíduo seguro, pois estará firme mesmo com o surgimento de adversidades. Basta lembrar o que diz o psicólogo Martin Seligman:

> **"Viver uma vida plena requer que cada indivíduo responda para si o que significa viver."**

Agir com base em um propósito é em si satisfatório, pois cada resultado obtido com as diversas ações têm um senso de recompensa. Como resultado, a vida passa a ser mais aproveitada, pois a jornada para se conquistar a própria satisfação torna-se cheia de alegria.

Propósito:
TER UM
NA VIDA é
sentir-se
feliz.

QUESTIONÁRIO DO FUTURO

Feche os olhos e imagine-se alguns anos à frente do ponto em que está agora, seguindo a carreira que escolheu.

Enxergue o ambiente, as pessoas, como você está, o que está fazendo, o que diz. Visualize cores, ouça sons, observe as roupas que está vestindo, seu corte de cabelo.

Em seguida, responda às seguintes perguntas de acordo com a cena que imaginou.

1. QUANTOS ANOS TEM NESTE MOMENTO DA SUA VIDA? (PENSE NO FUTURO.)
_____
_____

2. QUAL A SUA CARREIRA?
_____
_____

3. COM O QUE ESTÁ TRABALHANDO? O QUE ESTÁ FAZENDO?
_____
_____
_____

4. QUAIS ATIVIDADES DESEMPENHA?
_____
_____
_____

5. SENTE-SE REALIZADO? GOSTA DO QUE ESTÁ FAZENDO?
_____
_____
_____

6. ESTÁ SATISFEITO COM OS RENDIMENTOS DO QUE FAZ?

7. COMO FOI A FACULDADE? GOSTOU DO CURSO QUE ESCOLHEU?

8. HÁ QUANTO TEMPO ESTÁ FORMADO?

9. SE PUDESSE VOLTAR ATRÁS, FARIA AS MESMAS ESCOLHAS QUE FEZ DE CURSO E CARREIRA? SE NÃO, O QUE MUDARIA?

10. QUAL CONSELHO PODE DAR A ALGUÉM QUE ESTÁ PENSANDO EM ESCOLHER A MESMA PROFISSÃO QUE VOCÊ?

QUAL O SEU SIGNIFICADO DE SUCESSO?

Responda a essa pergunta. Qual significado ela traz? Algumas pessoas, talvez levadas pela onda do "politicamente correto", quando lhes é perguntado sobre o que é o sucesso, costumam responder que é "ter qualidade de vida", "ser feliz com o que tem" ou "acordar de manhã e dar um sorriso". Seu discurso é um, embora suas ações sejam outras, já que ao acordar de manhã fazem o contrário do que falam. E dizem que sucesso é ser feliz.

No fim das contas, tudo se resume a questões de carreira e dinheiro. Isso é o que as pessoas costumam mostrar para si mesmas como exemplo de sucesso.

Assim gostaria de lhe contar mais sobre a minha vida pregressa no Rio de Janeiro.

★★★

(...) E também era isso o que significava para mim o sucesso. Tive uma vida muito boa até os 17 anos, na cidade do Rio de Janeiro. Até que o negócio do meu pai faliu e, de repente, a vida se tornou muito, muito, mas muito difícil. Dos 17 aos 30 anos, a palavra que melhor se encaixa para a minha vida é "desespero".

Aos 30 anos, quando entendi como a mente funcionava e os princípios do coaching, minha vida mudou. Muito. Eu tinha dois carros e um apartamento quitado, com minha esposa e meus dois filhos ao meu lado. A partir daí, esse se tornou meu maior empenho, levar as pessoas e as empresas a terem esse sucesso. Eu lutava por isso, empenhava-me por isso. A minha empresa se chamava Spy Store. Era uma consultoria de gestão de varejo, que ajudava as pessoas a crescerem. O negócio foi um sucesso nessa época.

Meus clientes começavam a prosperar e isso consumia todo o tempo deles. Era trabalhando, produzindo, ganhando dinheiro. Comprando carro e prosperando cada vez mais. E eu também, da mesma forma. Trabalhava muito. Tinha clientes dobrando, triplicando o faturamento.

No entanto, eles estavam felizes? Estavam ganhando dinheiro, trocando de casa e de carro. E a felicidade? Comecei a olhar para os meus clientes e a maioria deles quanto mais dinheiro ganhava, quanto mais avançava na carreira, quanto mais sucesso fazia, mais estressada se tornava. Mais irritada ficava, com pouco sono, com pensamentos acelerados. Problemas conjugais, filhos usando drogas etc. Clientes casais, que eram sócios, brigando por dinheiro. Problemas de saúde, irritação, insatisfação. Não tinham tempo para nada, nem ao menos para serem... felizes.

A ficha caiu: essa definição tradicional de sucesso não era suficiente para fazer pessoas felizes.

Em 2003, minha empresa tinha 5 anos e estava no auge do sucesso. Tínhamos mais de 30 funcionários, filiais em quase todas as partes do Brasil e mais de 50 clientes ao mesmo tempo. Dormia 3 horas por noite. Chegava em casa e ia estudar meu material de vendas para fazer propostas aos clientes. Depois, ia estudar o conteúdo de um MBA muito puxado. Dormia pouquíssimo e ia todo feliz, apesar de ter necessitado ir várias vezes ao hospital em decorrência das poucas horas de sono. Contudo, minha ficha caiu quando minha filha nasceu, em 2003. Minha vida mudou radicalmente. Comecei a planejar a mudança da empresa. Não queria mais trabalhar com consultoria de empresas, queria trabalhar com pessoas. Esta é minha paixão: levar pessoas a também mudarem suas vidas. Chega de fazer o cara ganhar dinheiro e perder a esposa. Chega de fazer o cara ganhar mais dinheiro e abandonar o filho. Isso é loucura. Não quero ser vetor desse "sucesso". Então comecei a estabelecer uma nova definição para mim.

Sucesso não é apenas financeiro e profissional. É estar de bem consigo, é estar bem com seus pais, com seus irmãos; é amar e ser amado. Sucesso é ter amigos de verdade; é ter saúde, disposição física; é ajudar o próximo, o desabrigado, a criança carente, o faminto, o doente. Sucesso é estar perto de Deus. Cada um na sua religião, mas perto do seu deus. Isso é sucesso.

★★★

Capítulo 8 - Determinação | 229

Você percebe a vasta área de possibilidades dentro da palavra sucesso? Sucesso não se resume a ganhar cada vez mais dinheiro e ir galgando posições em uma empresa, ou ter a sua própria empresa de sucesso. Afinal, sua vida não se resume às 8 horas formais que passará trabalhando. Da mesma forma, estudar e aprender são medidas dosadas ao gosto do cliente, ou seja, cada um tem a sua forma de aprendizagem, de depreender um assunto e crescer com ele. Alimente sempre esse ensinamento e torne sua vida e seu sucesso mais abundantes.

PLANO DE CARREIRA

Qual o seu plano para os próximos 6 anos? Passar no vestibular mais concorrido do Brasil? Estudar em uma universidade fora do país? E, após fazer a faculdade, o que vai fazer? Como pensa em conseguir aquele emprego dos seus sonhos? São perguntas que nos atingem como uma pedra na cabeça quando não temos um plano de carreira bem definido. Sim, porque se você pensar, faz uma enorme diferença sair para algum lugar sem um mapa, sem uma rota, sem um caminho definido que o leve aonde quer chegar. Saiba que de maneira organizada, consciente, com preparação e dedicação, é possível alcançar qualquer objetivo. Para tanto, é necessário elaborar um plano de carreira, que lhe permita visualizar de maneira clara o seu destino, de tal modo que possa se sentir motivado no seu dia a dia para chegar lá.

Vamos começar esse processo extraordinário em busca do seu sucesso, com estratégia e dedicação. Veja uma rápida explicação:

Você encontrará a seguir um plano completo para traçar sua carreira nos próximos 6 anos. À sua disposição estão três blocos: o primeiro chamaremos de "bloco Ingressar", referente ao período anterior do seu curso na universidade; o segundo será o "bloco Durante", e se refere aos cursos e estágios que você fará; por fim, há o "bloco Depois", que tratará da empresa e do cargo que você almeja.

VAMOS COMEÇAR esse *processo* EXTRAORDINÁRIO em busca do seu *sucesso.*

DESIGN DE CARREIRA

PARTE I BLOCO INGRESSAR

Defina aqui sua primeira opção de carreira

Carreira:

Anote aqui as instituições de ensino que gostaria de frequentar

Opção de instituição 1:

Opção de instituição 2:

Semestre

A cada semestre, selecione as disciplinas do seu curso e faça um acompanhamento meticuloso das notas que vem obtendo – lembre-se de que quanto melhores forem as suas notas, melhores serão as chances de conseguir um trabalho/emprego mais promissor.

(Essas definições devem variar de curso para curso. Seria o caso de solicitar ao aluno que as adaptasse para o seu propósito.)

- Nota de Matemática: (   )

- Nota de Linguagens: (   )

- Nota de Ciências da Natureza: (   )

- Nota de Ciências Humanas: (   )

- Nota de Redação: (   )

- Média Final: (   )

Ações

O QUE VOCÊ PODE FAZER PARA MELHORAR O SEU RENDIMENTO/APROVEITAMENTO?

PARTE 2 BLOCO DURANTE

QUAIS IDIOMAS QUE VOCÊ AINDA NÃO DOMINA PODEM CONTAR COMO DIFERENCIAIS EM SUA NOVA CARREIRA?
Curso de línguas:

QUE NOVOS CONHECIMENTOS PODEM CONTAR COMO DIFERENCIAIS EM SUA NOVA CARREIRA?
Cursos específicos da área:

FAÇA UMA AVALIAÇÃO DOS LUGARES ONDE PODERIA ESTAGIAR (NOS QUAIS TERIA UM APROVEITAMENTO MELHOR), E DEFINA PELO MENOS DUAS EMPRESAS. Onde você estagiará:
Empresa 1:

Empresa 2:

De quais eventos participará:

FAÇA UMA ANÁLISE DOS EVENTOS, FEIRAS E SEMINÁRIOS QUE SE REALIZAM NESSA ÁREA. Quais você acha fundamentais para conhecer?

PONTOS EXTRAS: QUAIS COMPETÊNCIAS DEVERIA/PODERIA DESENVOLVER? POR QUÊ? COMO?

Competências que precisa desenvolver:

PARTE 3 AÇÕES PARA DESENVOLVER AS COMPETÊNCIAS DO PROFISSIONAL DO FUTURO

- **RESOLUÇÃO DE PROBLEMAS COMPLEXOS:**
  essa é uma das habilidades mais solicitadas. Exige aprendizado em tempo integral e busca permanente de situações ou problemas similares que possam inspirar novas soluções.

- **PENSAMENTO CRÍTICO:**
  aqui valem, e muito, lições de estratégia, dinâmica de táticas, análise pormenorizada da situação, mas sem perder de vista o conjunto da situação e seu contexto, avaliando pontos sensíveis, vulneráveis e poderosos.

- **CRIATIVIDADE:**
  situações similares exigem respostas diferenciadas. Essa é a síntese do benchmarking, um sistema que permite desenvolver a criatividade a partir da análise de diferentes soluções para problemas similares. Exemplo: quer

234 | Decifre seu talento

melhorar sua equipe de futebol? Que tal conhecer como são feitos os treinos desse esporte em uma piscina?

- **GESTÃO DE PESSOAS:**

  aprenda a entender de gente. Se quer ter uma equipe unida e focada em determinado objetivo, é preciso conhecer o que une essas pessoas, o que as motiva e o que as realiza enquanto grupo e individual.

- **COORDENAÇÃO:**

  liderar pessoas é outro desafio importante. A maior lição de um líder é sua capacidade de formar novos líderes – em diferentes situações da vida/empresa.

- **INTELIGÊNCIA EMOCIONAL:**

  o pensamento cartesiano é importante, mas ele sozinho não dá conta de lidar com as emoções dos indivíduos, sobretudo quando as emoções falam mais alto que o raciocínio. Estude a fundo esse tema.

- **CAPACIDADE DE JULGAMENTO E DE TOMADA DE DECISÕES:**

  discernimento, capacidade de análise e visão são aspectos decisivos aqui. Você precisa desenvolver ou aprimorar essa capacidade.

- **ORIENTAÇÃO PARA SERVIR:**

  diferentemente do que ocorria no passado, servir, facilitar, ajudar o outro a se desenvolver contam muito mais do que ficar se vangloriando dos seus próprios feitos. Pense nisso.

- **NEGOCIAÇÃO:**

  entenda "negociação" como uma arte. É preciso desenvolver empatia, capacidade de persuasão, respeito e ética.

- **FLEXIBILIDADE COGNITIVA:**

  às vezes, ceder, colocar-se no lugar do outro, compreender os objetivos que estão em jogo ajudam muito no desenvolvimento dessa competência.

PARTE 4 BLOCO DEPOIS

QUANDO SE FORMAR:
....

EMPRESA EM QUE TRABALHARÁ:
....

JORNADA DENTRO DA EMPRESA (DO CARGO INICIAL AO CARGO FINAL):
....
....
....

DICA DE FILME:

THOR, O DEUS TROVÃO OU DOS MARTELOS?

Thor é o deus do trovão, herdeiro de Odin, pai de todos, e irmão de Loki, o deus da trapaça. Como desígnio de sua posição, seu pai lhe dá de presente o Mjolnir, martelo capaz de potencializar todo o seu poder e, ainda, torná-lo capaz de voar. Contudo, as boas notícias param por aí, pois Thor tem um grande problema: sua arrogância. Com o poder dos deuses, não escuta os conselhos do pai e inicia guerras como respira. Ao causar uma destruição em massa em um dos nove mundos da mitologia nórdica, ele acaba sendo enganado pelo irmão e banido para a Terra, perdendo a dignidade para tocar o martelo e ter seu poder. O que o deus do trovão não sabia é que o seu poder não estava nesse artefato, tampouco a possibilidade de transformação única estaria em seu exílio terrestre.

Ao conhecer a cientista Jane Foster, que estudava as conexões entre os mundos através de portais quânticos, ele logo se apaixona por ela e começa a perceber o quanto tinha de deixar sua arrogância de lado para se tornar o verdadeiro rei de Asgard. A jornada não é fácil, pois o seu irmão Loki tomou o trono e agora não deseja o retorno daquele que ajudou a banir. Esse é o momento em que Thor percebe o objetivo de ter sido enviado ao nosso Planeta e por que isso aconteceu. Sua realidade sofre uma transformação extraordinária e, com a volta da possibilidade de tocar o *Mjolnir*, o deus está pronto para a sucessão do trono asgardiano.

ANOTE AQUI AS COISAS MAIS IMPORTANTES QUE VOCÊ APRENDEU COM O FILME.

_____
_____
_____
_____

DICA DE LEITURA

Preparamos uma dica de leitura especial para essa reta final: este livro. Isso mesmo. Depois de tantas leituras, exercícios, rascunhos e sonhos desenhados no papel, chegou a hora de reler todo o seu processo. E por que essa leitura? Ela é essencial para a sua autoavaliação nesse percurso, por tudo aquilo que passou durante a leitura deste livro. Será importante descobrir como evoluiu desde que leu o prefácio, no início do livro, e chegou até aqui. Talvez ao reler os seus escritos, surja um sentimento de nostalgia. Isso é comum. O mais importante é que perceba que esse sentimento de retorno é a certeza viva de que alcançou os seus limites e realizou os seus sonhos – os quais, não fossem as reflexões e as impressões que escreveu e deixou aqui, certamente não teriam sido nem sequer imaginados.

> "Cuidado! As três maiores características de uma pessoa com crença de não merecimento são: perder, não terminar o que começou e, depois de tudo isso, recomeçar."
>
> Paulo Vieira

Carta de venda da plataforma de orientação de carreira,
ACESSE: teens.goowit.com

Para acessar, basta colocar a câmera do seu smartphone sobre o QR code ao lado.

MENSAGEM FINAL

Chegamos ao fim de nossa caminhada no processo de escolha da sua carreira. Acreditamos que nesta reta final do livro você já tenha percebido, por intermédio das atividades, metáforas, filmes e ferramentas quais habilidades tem e como desenvolvê-las pode encaminhá-lo até a profissão que tanto almeja.

Todos os conhecimentos, as experiências e as vivências que repassamos a você neste livro agora deixam de fazer parte de nossas vidas e estão em suas mãos, e assim como nos transformou e encaminhou nossa decisão profissional, encaminharão a sua decisão de maneira precisa e agradável.

Mudar hábitos e crenças é uma tarefa que exige foco e determinação para transformá-los, assim como para colocar novos no lugar dos hábitos e crenças superados. Todos os hábitos identificados durante a realização dos exercícios podem demandar bastante energia da sua parte. Porém, a decisão e a capacidade de mudar estão em suas mãos, e nos sentimos orgulhosos em proporcionar uma travessia mais agradável nesse seu caminho de decisões.

A partir de agora, você pode escolher guardar essa obra na gaveta mais próxima e deixar que sua vida siga sem o seu comando, deixando tudo aquilo que pensamos juntos se perder na sua memória. A decisão é sua. Ou, se o desafio da sua vida for a busca de uma carreira de sucesso e o desenvolvimento dela for a sua obsessão, nós o convidamos a não guardar esse livro na gaveta, mas sim no seu coração. Ele foi feito pensando em você!

Conte conosco sempre!

Paulo Vieira
Deibson Silva

REFERÊNCIAS BIBLIOGRÁFICAS

ARIELY, Dan. *Previsivelmente irracional*. 4. ed. São Paulo: Elsevier, 2008.

COVEY, Stephen R. *Os 7 hábitos das pessoas altamente eficazes*. 5. ed. Rio de Janeiro: BestSeller, 2015.

GARDNER, Howard. *Estruturas da mente: a teoria das inteligências múltiplas*. Porto Alegre: Penso, 1995.

_____. *Inteligência emocional*. Rio de Janeiro: Objetiva, 1996.

_____. *Inteligências múltiplas: a teoria na prática*. Porto Alegre: Penso, 1995.

_____. *Inteligência: um conceito reformulado*. Tradução Adalgisa Campos da Silva. Rio de Janeiro: Objetiva, 2000.

SCHWARTZ, Barry. *O paradoxo da escolha – Por que mais é menos*. São Paulo: A Girafa, 2004.

VIEIRA, Paulo. *O poder da ação*. São Paulo: Gente, 2015.

_____. *O poder da autorresponsabilidade*. 2. ed. São Paulo: Gente, 2018.

VIEIRA, Paulo; SILVA, Deibson. *Decifre e influencie pessoas*. São Paulo: Gente, 2018.

Este livro foi impresso pela
Gráfica Rettec em papel pólen soft 80 g/m²
em fevereiro de 2020.